오늘도 감정노동 중입니다

오늘도 감정노동 중입니다

권혁진·최환규 지음

한국경제신문 *i*

저자는 금융회사의 고객서비스센터에서 감정노동을 처음 경험했다. 이 부서의 책임자로 근무하는 동안 감정노동자인 직원들이 겪는 애로사항과 고객 불만 처리의 어려움을 체험했으며, 감정노동자를 위한 교육 프로그램이나 관련 서적이 부족하고 감정노동자에 대한 회사 경영진의 무관심을 알게 되었다.

회사에서 마련한 고객서비스센터 담당자의 고객 불만 처리 역량 향상 교육 프로그램에 참여하면서 많은 사람이 감정노동에 대한 이해가 부족하다는 것을 알게 되었다. 회사에서는 외부 업체에 교육 프로그램을 의뢰했고, 이 업체에서 준비한 프로그램은 고객 역할을 하는 연극배우가 감정노동자에게 소리치고 화난 표정을 짓는 등 실제보다 더 심한 상황을 연출해서 감정노동자가 극한 상황을 체험하도록 하는 것이었다. 감정노동자가 극한 상황을 경험하면 그 상황보다 강도가 낮은 상황에서는 당황하지 않고 침착함을 유지할 수 있다는 가정 하에 이런 프로그램이 기획되었다고 추측한다. 하지만 심리학을 공부하면서 사람의 심리와 감정의 속성에 대한 이해도가 높아지면서 이 프로그램이 얼마나 위험하고 무지한 방법인가를 알게 되었다.

감정노동자를 위한 프로그램은 신체 단련을 위한 방법과는 달라야 한다. 극한체험 프로그램이 신체와 관련된 훈련이라면 괜찮은 프로그램일 수도 있다. 해발 5,000m인 산을 오른 사람이라면 한라산이나 설악산 등반이 수월하게 느껴지는 것과 같은 이치다. 하지만 상사, 고객 또는 지인으로부터 무례한 말을 듣고 나면 그다음부터는 그런 종류의 말을 마음 편하게 들을 수 있어야 하는데 그렇게 되지 않는다는 것은 누구나 알 수 있다. 그러므로 감정노동자를 돕기 위해서는 감정노동의 이해와 함께 감정노동자에게 적합한 교육이 필요하다.

이 책은 심리학 이론을 바탕으로 감정노동 과정에서 일어나는 감정노동자와 고객의 심리 변화를 이해하고, 감정노동자가 자신을 보호하면서 업무 성과를 높일 수 있는 방법을 설명한 책이다. 감정노동자가 책의 내용을 쉽게 이해할 수 있도록 다양한 사례를 통해 설명했고, 업무에서 즉시 활용할 수 있도록 구성했으며, 내용은 다음과 같다.

1장에서는 감정노동에 관해 설명했다. 먼저, 다양한 모습의 감정노동과 감정노동에 따른 감정노동자의 애로사항을 소개했다. 다음으로 감정노동에서 감정의 역할과 감정노동이 어려운 이유에 관해 설명했다. 감정노동자가 감정노동을 하는 과정에서 고객이 받는 영향도 함께 설명하면서 감정노동자와 고객이 서로의 존재를 인정할 필요에 관해서도 설명했다.

　2장에서는 감정노동자의 생각이 신체와 심리에 미치는 영향에 관해 설명했다. 이를 위해 감정노동자의 삶에 영향을 미치는 여러 요소를 설명하면서, 이런 요소들이 감정노동에 미치는 영향도 설명했다. 이와 함께 같은 사건이라도 그 사건을 받아들이는 방법에 따라 다른 결과를 만들어내는 과정에 관해 설명했다. 또한 감정노동자의 고객을 향한 비난 등 감정노동자의 바람직하지 못한 행동으로 인한 부작용과 감정노동자에게 미치는 영향을 설명하면서 고객은 감정노동자를 괴롭히는 사람이 아니라 감정노동자의 역할을 빛나게 하는 사람이라는 고객에 관한 인식의 변환 필요성에 관해서도 설명했다.

　3장에서는 고객과의 소통 방법에 관해 설명했다. 감정노동자와 고객은 소통을 통해 서로의 감정과 정보를 교환하지만, 다양한 이유로 소통이 단절될 때 문제가 발생할 수 있다. 감정노동자와 고객의 감정과 정보가 단절되는 여러 원인을 살펴보고 대화의 출발이 되는 신뢰 관계 형성 방법에 관해 설명했다. 또한, 감정노동자가 고객과의 소통 과정에서 소통에 영향을 미치는 두 가지 반응에 관해서도 설명하고 있다.

4장에서는 고객의 불만을 처리하는 방법을 설명했다. 고객이 불만을 표현하는 유형과 불만을 품는 이유와 불만을 드러낸 고객과의 면담을 위한 준비 사항과 대응하는 방법에 관해 설명했다.

5장에서는 감정노동자가 자신을 돌보는 방법에 관해 설명했다. 먼저 스트레스의 원인과 건강한 해소 방법을 설명했다. 다음으로 감정노동자가 분노를 슬기롭게 대처하는 방법, 감정노동으로 인해 소진된 에너지를 회복하는 방법과 그 이유에 관해 설명했으며, 감정노동자가 신나게 일할 수 있도록 감정노동자를 격려하는 조직문화의 필요성과 방법에 관해 설명했다.

이 책에서는 여러 업종의 감정노동자에 대해 설명하려고 노력했다. 하지만 저자의 제한된 업종 경험으로 한정된 업종만을 사례로 들 수 있었다. 사례 중에서 외식업이 차지하는 비중이 상대적으로 많은데 그 이유는 다음과 같다.

첫째, 모든 직장인이 하루에 한 번 이상 외식업종을 경험하기 때문이다. 즉, 감정노동자는 매일 식당이나 카페를 이용하는 고객으로서 고객의 심리를 수월하게 이해할 수 있다고 생각해서다.

둘째, 감정노동과 관련해 외식업과 같은 자영업 종사자의 어려움이 크기 때문이다. 제조업의 경우 제품 생산, 판매 그리고 서비스가 분리되어 있어서 감정노동자의 말이나 행동이 제품 판매에 미치는 영향이 상대적으로 적지만 자영업의 경우 한 사람 또는 소수가 생산, 판매 그리고 서비스까지 제공하기 때문에 자영업자의 실수는 경영에 치명적인 영향을 미칠 수 있어 자영업자는 생존을 위해서라도 고객의 무리한 요구라도 쉽게 거절 못 하고 수용하기도 한다.

감정노동과 관련해 자영업 종사자에 관한 관심은 상당히 낮고, 소외되어 있다. 고객서비스센터, 영업 또는 콜센터와 같은 조직에서는 나름대로 직원을 대상으로 한 교육 체계가 갖춰져 있지만, 외식업과 같은 자영업 종사자를 대상으로 한 교육이나 도서는 찾기가 어렵다. 또한, 조직에 속한 감정노동자는 동료에게 자신의 어려움을 호소할 수도 있지만, 자영업에 종사하는 사람들은 그런 기회마저 적어 모든 어려움을 오롯이 혼자서 감당해야 할 가능성이 있다. 이런 어려움을 겪는 자영업에 종사하는 감정노동자들에게 조금이나마 도움이 되기를 바라는 목적도 한몫했다.

저자도 회사에 다닐 때는 매일같이 퇴사를 꿈꿨다. 하지만 어느 순간, 감정노동은 직장을 때려치운다고 해서 회피할 수 있는 게 아니라 고객을 이해하는 방법을 바꾸고 문제에 접근하는 효과적인 방식을 알아야만 일하는 과정에서 일어나는 여러 어려움을 해소할 수 있다는 것을 깨달았다. 저자 또한 감정노동의 어려움을 경험하면서 감정노동자에게 미약한 도움이라도 주고 싶다는 마음에 이 책을 출간하게 되었다.

이런 목적으로 출간된 이 책이 여러분이 일하는 방식과 삶에 긍정적인 영향을 미치는 행복 안내서가 되었으면 한다. 지금, 이 순간에도 감정노동을 하는 모든 사람에게 응원과 찬사를 보낸다.

권혁진, 최환규

목 차

1장

누구나 감정노동을 한다

1

감정노동, 그게 뭘까?

할 말 못 하고 사는 사람들

사례 1. 고객의 무례에도 참아야 하는 강인내

콜센터에 근무하는 강인내 씨는 회사를 그만둘까 심각하게 고민하고 있다. 고객으로부터 수시로 일과 관계없는 자신의 인격을 무시하는 거친 말을 들으면서 지쳤기 때문이다.

며칠 전의 일이다. 고객이 전화가 연결되자마자 구매한 물건이 불량이라며 화부터 냈다. "죄송합니다. 새 제품으로 교환해 드리겠습니다"라고 사과해도 "너 사기꾼 아냐? 어떻게 이런 물건을 팔아?"라고 고함을 지르며 욕까지 했다. 구매한 제품에 실망해 화가 난 고객의 마음은 이해하지만, 자신에게 지나치게 강압적이고 모욕적으로 말하는 고객에게 한마디 쏴붙이려 하다가 그냥 참고 말았다.

이런 일들을 자주 경험하면서 강인내 씨는 자기 일에 회의감이 들기 시작했다. 무엇보다 시간이 지날수록 몸과 마음이 힘들고, 가족과 친구에게 짜증내는 횟수가 늘어나는 것을 느끼기 시작했다. 어제도 친구로부터 "너 무슨 일 있어? 회사에서 누구랑 싸웠어? 요새 너와 말하기가 불편하다"라는 소리를 들으면서 일을 계속하다간 주변 사람들과의 관계에도 영향을 미칠까 두려워졌다.

사례 2. 걱정조차 감춰야 하는 한걱정

백화점 여성 의류 판매장에 근무하고 있는 한걱정 씨는 요즘 마음이 무겁다. 어머니가 얼마 전 폐암 수술을 받고 병원에서 치료 중이다. 주치의로부터 암을 너무 늦게 발견해 수술했지만 앞으로 반년 정도가 고비라는 말을 듣고 난 다음부터 어머니에게 불행한 일이 일어날까 늘 불안하다. 아버지가 일찍 돌아가신 후 자신들을 힘들게 길러주신 어머니와 함께 살 수 있는 기간이 얼마 남지 않았다고 생각하니 자꾸 눈물이 난다.

이런 생각을 하면서 손님들을 맞이하기가 쉽지 않다. 어머니와 비슷한 연령대의 손님을 보면 어머니의 모습이 떠오르면서 자신도 모르게 얼굴에 슬픈 표정이 드러난다. 그러면 손님들은 지레짐작으로 옷이 자신에게 어울리지 않아 그런 표정을 짓는다며 다른 매장으로 발길을 돌리거나 "아가씨, 이 옷이 나한테 안 어울린다고 해도 그런 표정까지 지을 필요는 없잖아"라며 화를 내기도 한다. 지금까지는 한걱정 씨의 집안 사정을 잘 아는 매니저가 도와주고 있어 별 탈 없이 일할 수 있지만, 언제까지 자신의 상황을 이해하고 도와줄지 걱정이다.

사례 3. 피곤함을 숨기고 친절해야 하는 왕친절

항공기 객실 승무원 왕친절 씨는 마음이 무겁다. 갓 돌을 넘긴 아이가 감기에 걸려 밤새도록 칭얼대는 통에 아기를 돌보느라 잠을 자지 못해 몸이 천근만근이라 맡은 일을 제대로 하지 못할까 걱정이다. 이런 자신을 보면서 "집에 무슨 일 있어?"라고 건네는 동료의 말에도 은근히 신경 쓰인다. 승객을 안전하고 편안하게 목적지까지 모신다고 자부하면서 최선을 다해 승객들에게 밝은 모습을 보여왔지만, 오늘처럼 피곤한 상태라면 평소와 같은 서비스를 승객들에게 제공하지 못할 수도 있다고 생각하니 걱정이 앞선다.

왕친절 씨를 더욱 힘들고 지치게 만드는 것은 일부 몰지각한 승객들의 행동이다. 승객들에게 식사와 음료를 제공하기 위해 움직일 때마다 자신의 몸매를 훔쳐보는 일부 승객들의 시선도 힘들지만, 자신을 향해 던지는 불쾌한 농담은 그녀를 더욱 지치게 한다.

사례 4. 고객의 무리한 요구에 응해야 하는 박판매

중견 기업의 세일즈 부서에서 근무하는 박판매 대리는 전화 한

통에 마음이 심란해졌다. 중요 거래처의 손 부장이 저녁을 같이 먹자는 전화였는데, 마음이 내키지 않기 때문이다. 전화를 받으면서 불편한 기분은 마음 한쪽에 접어두고 아주 반갑고 기쁜 목소리로 "제가 좋은 곳에 예약해놓겠습니다"라고 마음에도 없는 대답을 하고 통화를 마쳤다.

손 부장과 함께하는 자리가 불편한 데는 이유가 있다. 손 부장은 항상 간단하게 맥주 한잔이라고 말하지만, 말과는 달리 고급 식당에서의 저녁으로 끝내지 않고, 이차, 삼차 계속해 다양한 술집에서 술과 유흥을 즐긴다. 이렇게 새벽 2~3시까지 억지로 끌려다니면 몸과 마음이 모두 지쳐 며칠 동안 후유증에 시달리는 것은 물론, 아내와 아이를 대하기도 미안해진다. 게다가 손 부장은 자기 지갑을 여는 일도 없다.

박판매 대리는 오늘만큼은 내일 중요한 회의가 있다는 핑계를 대서라도 일찍 집에 들어가겠다고 마음을 단단히 먹으면서 약속 장소로 나갔다. 오늘따라 손 부장의 낯빛이 어두워 이유를 물으니 요새 부인과 별거 중이라고 했다. 손 부장의 얘기를 들으면서 '평소에 가족에게 잘 못하니 버림받았지'라는 생각이 들었지만, 손 부장에게 이 말은 차마 하지 못했다. 몇 시간째 손 부장의 술주정을 들으면서 '내가 이런 인간 때문에 집에도 못 가고 고생하네'라고 생각하니 분노가 솟는다. 마음 같아서는 시원하게 욕이라도 퍼붓고 자리를 박차고 나오고 싶지만, 손 부장은 거래처의 핵심 인물이라 그렇게 하기가 쉽지 않다. 실적을 위해 어쩔 수 없이 거래처 사람의 비위를 맞춰야 할 때마다 속상하고 자존감이 낮아지는 것 같아 몸에서 힘이 쫙 빠진다.

사례 5. 고객의 평점에 떠는 자영업

식당을 운영하는 자영업 씨는 수시로 SNS에서 고객의 평점을 확인한다. 며칠 전 고객을 단골로 만들기 위해 음료수를 서비스로 보냈는데 그 고객으로부터 평점 테러를 당한 것이다.

고객은 '음식은 괜찮지만 작은 거 하나 때문에 기분이 좋지 않다. 음료수를 서비스로 주신 것 같은데 유통기한이 도래해서 포장지도 통통 부풀어 오른 제품을 주시고 이런 서비스라면 안 주시는 게 좋은 것 같다'라는 리뷰를 읽으면서 씁쓸한 마음이 들어 종일 일에 집중할 수 없었다.

음식 맛과 관련이 없는 고객의 불만을 매일 접해야 하는 자영업 씨는 식당 운영에 회의를 느끼고 있다. 일부 고객의 왜곡된 평가로 음식 맛에 내한 자부심과 지금까지의 노력에 의심이 들기 시작하면서 식당 운영에 자신감이 없어지고 있다. 식당을 유지하기 위해 손님 같지 않은 손님도 상대해야 하지만, 하루에도 몇 번씩 이런 손님을 만날 때마다 욕하고 싶은 충동을 참느라 힘들다. 이런 상태라면 언제까지 버틸 수 있을지 걱정이다.

그래도 자영업 씨가 식당을 유지하는 이유는 자신의 솜씨를 알아주는 손님이 있기 때문이다. 이런 손님들 덕분에 힘을 내어 하루를 시작하려고 식재료를 다듬고 있다.

사례 6. 상사 앞에서 작아지는 나부하

평소 성격이 밝아 주변 사람들의 호감을 사는 나부하 대리는 오늘도 씩씩하게 회사에 출근했다. 평소처럼 동료들과 밝은 목소리로 인사를 하고, 커피자판기에서 커피를 뽑아 마시면서 이메일을 확인한 다음 어제 작성한 기획안을 들고 상사인 한 부장에게 갈 준비를 했다.

한 부장의 책상으로 향하는 나 대리에게 동료들은 무언의 응원을 보냈다. 한 부장은 자신이 원하는 대로 부서원이 따라주지 않으면 소리를 지르고 폭언을 한다. 동료들은 한 부장으로부터 한 소리씩 듣는 것을 출근 도장이라고 여길 정도였다.

나 대리는 한 부장에게 기획안을 내밀면서 한 부장의 표정을 꼼꼼히 살폈다. 잔뜩 찌푸린 미간, 아래로 처진 입꼬리, 왠지 기분 나쁜 눈빛…. 기획안 검토를 마친 한 부장이 깊은 한숨을 내쉬더니 한마디 했다.

"이렇게 해서 매출에 도움이 되겠나?"

"네?"

"책상머리에 앉아서 하는 기획은 매출에 전혀 도움이 되지 않는단 말일세. 자네 생각은 어떤가?"

"생각하시는 것만큼 대충 한 기획이 아닙니다. 매출도 생각하며….”

“대충 했다는 게 아니잖나!”

한 부장이 책상을 내리치며 소리를 질렀다.

“매출 증가를 위해 뭘 고민했다는 거야? 지금 보니 순전히 학교에서 배운 마케팅 이론만 적용해 놓았잖아! 눈이 있으면 다시 보고, 머리가 있으면 생각 좀 하라고! 이래서 어떻게 목표를 달성하겠다는 거야?”

나 대리는 자신이 몇 날 며칠 고민해 작성한 기획안을 무시하는 한 부장의 태도가 야속했고, 한편으론 화도 났다. 하지만 그 감정을 겉으로 드러낼 수는 없었다. 그렇게 나 대리는 30여 분간 한 부장의 분노 섞인 잔소리를 들어야 했다.

나 대리는 퇴근 후에도 다음 날 한 부장에게 야단맞을 걱정에 편안하게 쉴 수도 없다. 휴일에도 한 부장 생각만 하면 몸이 경직되고 소화가 되지 않으며, 밤에 잠을 이루기가 쉽지 않았다. 회사 생각을 떨치고 싶어 TV를 새벽까지 보거나 술을 마시는 날도 부쩍 많아졌다. 성질 같아서는 사표를 내고 다른 회사로 옮기고 싶지만, 그동안 자신이 열정을 다해 일해온 회사라 결심하기가 쉽지 않다.

이 사례들은 감정노동을 하는 사람이라면 한 번쯤 경험했을 법한 상황들이다. 그때그때 각자 다른 이유로 자기 생각과 감정을 숨기고 상대에 맞춰 행동하지만, 그로 인한 스트레스와 부담감은 모두 자신의 몫이 된다. 이처럼 업무를 위해 자신의 실제 감정과 다른 감정을 표현해야 하는 것을 '감정노동'이라고 한다.

감정노동은 일하기 위한 선택

앞에서 살펴본 강인내, 한격정, 왕친절, 박판매, 자영업 그리고 나부하의 사례는 누구나 경험할 수 있다. 아마도 사회생활을 하는 사람들은 여섯 사람과 같거나 비슷한 경험을 하며 살아갈 것이다. 끊임없는 경쟁 속에서 살아남아야 한다는 생각으로 다른 사람의 마음을 헤아릴 여유가 없고, 다른 사람에게 자신의 상황을 이해해 달라고 부탁하기도 어려운 각박한 시대가 됐다. 살아남기 위해 자신을 평가하는 사람들이 원하는 감정을 표현해야 하는 것이 현대인의 현실이다.

감정노동(Emotional Labor)은 미국의 UC버클리대학교 교수인 알리 러셀 혹스차일드(Arlie Russell Hochschild)가 저서 《Managed Heart(1983)》에서 처음 소개한 개념으로, 직업상 본래의 감정을 숨긴 채 상대방이 원하는 감정을 표현하는 노동을 뜻한다. 감정노동을 하는 사람들을 가리켜 감정노동자라고 한다. 좁게는 서비스업에 종사하며 고객을 직접 상대해야 하는 사람들을 가리키고, 넓게는 다른 사람과 함께 일하는 모든 직장인을 말한다. 즉 우리는 모두 감정노동을 하는 셈이다.

감정노동을 해야만 하는 이유는 경쟁에서 살아남기 위해서다. 로빈슨 크루소처럼 무인도에서 혼자 살아가는 경우라면 자신이 원하는 시간에 원하는 대로 감정 표현을 마음껏 해도 상관없다. 하지만 친한 친구가 교통사고를 당했다고 고객 앞에서 울음을 터트리고, 고객이 마음에 들지 않는다고 화를 내며, 부하가 업무적으로 실수했다고 수시로 소리를 지르고, 동료가 동의 없이 자신의 물건을 썼다고 비난한다면 결과가 어떻게 되는지 모든 사람은 알고 있다. 이처럼 사람들은 자신의 감정을 숨김없이 표현할 때 고객이나 동료에게 어떤 영향이 미칠까를 알기에 스스로 감정노동에 빠지는 것이다.

다양한 모습의 감정노동

공항에서 비행기에 탑승하기까지의 과정을 떠올려보자. 승객은 제일 처음 탑승수속을 담당하는 직원을 만난다. 이 직원은 밝은 미소와 친절한 태도로 승객을 대한다. 이 직원과 달리 승객의 짐을 검색하는 보안요원들은 경직된 표정과 매서운 눈초리로 승객들을 꼼꼼히 살핀다. 보안 구역을 통과해 비행기 안에 들어가면 보안 구역의 삭막한 분위기와는 달리 미소 천사들이 승객들을 반긴다. '이것이 친절이다'라는 모범을 보이려는 것처럼 기분 좋은 미소와 상냥한 말투로 승객들에게 다양한 서비스를 제공한다. 이처럼 맡은 일의 속성에 따라 사용하는 감정은 달라진다.

감정노동의 유형은 다양하다. 업무의 성격에 따라, 주로 사용되어야 하는 감정에 따라 다음과 같이 세 가지로 나눌 수 있다.

유형 1. 미소가 경쟁력이다

항상 밝은 미소로 고객을 대하는 감정노동의 대표적 유형이다. 호텔, 레스토랑, 백화점과 항공사 등 서비스 업종에 근무하는 사람들이 이런 유형에 속한다. 회사로서는 서비스의 양과 질이 경쟁력이기 때문에 '아름다운 미소가 고객의 지갑을 연다'라는 믿음으로 감정노동자의 미소를 고객의 구매를 촉진하는 수단으로 활용하고 있다. 직원의 친절도가 경쟁 업체와의 차별화 요소로 작용하면서 직원들이 미소를 지어야 하는 시간이 길어지고 강도도 더 높아지게 됐다.

이런 직종에 근무하는 직원들에게 감정노동이 문제가 되는 이유는 고객을 만나는 동안 '친절한 미소와 상냥한 말투'를 유지해야 하기 때문이다. 부모가 아프거나 이성 친구와 결별했더라도 고객 앞에서 힘들다는 표현 대신 다정하고 친절한 표정을 지어야 한다. 인생에서 가장 행복한 경험 중 하나인 결혼식에서조차 결혼식 내내 미소를 짓기가 어려운데, 근무시간 내내 밝게 웃으면서 근무한다는 것은 쉬운 일이 아니다.

유형 2. 고객 만족을 위해서는 슬퍼해야 한다

장례지도사인 오슬픔 씨는 조금 전의 당황스러웠던 상황을 떠올리면서 안도의 한숨을 내쉬었다. 장례 절차를 설명하던 중 고객으로부터 "아버지가 돌아가셔서 힘들어하는 사람 앞에서 그렇게 해도 되는 겁니까?"라는 항의를 받았다. 화난 고객을 겨우 진정시켰지만, 그 고객에게 미안한 마음뿐이다.

오슬픔 씨가 고객 앞에서 한 실수는 상담 중에 자신도 모르게 미소를 지었기 때문이다. 고객을 만나기 직전 고등학생인 딸이 원하는 대학에 합격했다는 소식을 들었다. 오슬픔 씨는 고객과 함께 온 여학생을 보면서 딸의 얼굴이 떠올라 자신도 모르게 흐뭇한 미소가 얼굴에 드러났고, 이 모습이 고객을 불편하게 만들었던 것이다.

유형 3. 고객은 무표정한 얼굴을 원한다

기쁜 표정이나 슬픈 표정처럼 감정을 얼굴에 드러내야 하는 직업도 있지만, 무표정한 얼굴이 도움이 되는 직업도 있다. 주로 객관적이고 공정한 정보를 제공하는 전문가 집단이 여기에 속한다.

드라마에서 시신을 해부할 때 의사가 의과대 학생에게 감상에 젖지 않도록 주의시키는 모습을 볼 수 있다. 의사가 환자를 대할 때 감상에 젖으면 제대로 된 진료를 할 수 없다. 그래서 의과대학에서는 의사가 환자와 심리적으로 일정한 거리를 유지하면서 진료할 수 있도록 교육하고 있다.

이런 식의 감정노동에는 아쉬움도 있다. 의사로서는 무표정하고 객관적인 태도가 흐트러짐 없이 업무를 수행하는 데 필요하기도 하지만, 환자의 처지에서는 의사나 간호사의 따뜻한 미소가 치료에 상당한 도움이 되기 때문이다.

의사 외에 중립적인 감정을 유지해야 하는 또 다른 직업은 판사나 심판이 있다. 이들은 서로 다른 이해관계를 가진 개인 또는 집단 어느 편에도 자신의 마음이 담긴 감정을 표현해서는 안 된다. 판결이나 판정이 공정하고 객관적이라는 것을 입증하기 위해 자신의 감정을 숨겨야 하기 때문이다.

이처럼 감정노동은 서비스를 기반으로 하는 현대사회에서 누구나 겪는 일상적인 일이 되어버렸다. 고객에게 적합한 서비스는 기본이고 고객의 감정까지도 배려해야 경쟁력을 유지할 수 있게 되었다. 감정노동자는 고객의 감정을 함께 느껴야 하지만 앞의 사례들처럼 항상 고객과 같은 감정을 느끼고 표현하기에는 어려움이 있다. 이런 이유로 감정노동자의 감정소진이 많아지면서 몸과 마음이 모두 지치게 되는 것이다.

고객도 자신의 감정을 숨긴다

감정노동자만 자신의 감정을 감추는 것은 아니다. 미용실에서 시간의 경과에 따라 미용사와 손님 사이에서 일어나는 감정의 변화를 보자. 고객은 미용사에게 자신이 원하는 스타일을 설명한다. 미용사가 머리를 만지기 시작하면 고객은 불안한 마음을 애써 누르면서 머리 손질이 끝날 때까지 미용사에게 최대한 협조한다. 미용사의 일하는 방식이나 태도에 불만이 있더라도 미용사의 눈치를 보면서 참고 기다린다. 이럴 때 고객도 미용사의 눈치를 보게 되는데, 이 과정에서 고객도 감정노동자의 감정노동과 유사한 경험을 하게 된다.

이런 사례는 일상에서 빈번하게 발생한다. 다음의 사례를 보자.

무역회사에 근무하는 김배려 씨는 퇴근 시간에 맞춰 부지런히 움직였다. 친한 친구의 생일파티에 참석하기 위해서다. 회사를 나온 그녀는 친구에게 줄 선물을 사기 위해 백화점에 들렀다. 얼마 전 구두 판매장에서 친구가 좋아할 만한 디자인의 구두를 발견하고 사려고 했으나 친구의 발에 맞는 구두가 없어 주문해놓은 터였다. 그런데 매장 담당자가 주문하는 것을 잊어버려 구두를 살 수 없게 됐다. 화가 났지만, 생일파티에 참석하기 위해 급하게 다른 선물을 샀다.

그녀는 선물을 들고 식당으로 향했다. 식당으로 향하면서 구두 판매장에서 경험한 불쾌함을 맛있는 음식으로 없앨 수 있다는 기대에 콧노래가 절로 났다. 하지만 이런 기대감은 식당에서 음식을 기다리면서 사라지고 말았다. 유명한 식당이라 이해는 되지만, 주문한 지 30분이 지나도 음식이 나올 기미를 보이지 않았다. 기분 같아서는 당장 주인을 불러 항의하고 다른 식당으로 옮기고 싶지만, 친구의 생일을 망치고 싶지 않아 참을 수밖에 없었다.

김배려 씨의 사례에서 보면 서비스를 받는 사람도 서비스를 제공하는 사람만큼이나 감정 충돌을 경험한다. 김배려 씨가 친구의 생일을 위해 식당을 정할 때 머릿속으로 '어떤 곳에서 저녁을 먹으면 가장 즐거울까?'라는 생각과 함께 '내가 정한 식당을 다른 친구들이 좋아하지 않으면 어쩌지?' 하는 걱정을 하게 된다. 김배려 씨의 걱정은 식당을 나서면서 친구로부터 '저녁 맛있게 먹었다'라는 소리를 들어야 비로소 없어진다. 이런 이유로 김배려 씨는 식당 종업원들의 태도나 반응에 일일이 신경을 쓸 수밖에 없다. 식사하는 내내 식당 종업원들과 밀고 당기는 감정노동을 하는 것이다.

이처럼 고객도 상황에 따라 자신의 감정을 숨긴다. 감정노동자와 고객이 솔직한 감정을 드러내지 않는 이유는 상대의 기분을 거슬러 원하는 결과를 얻지 못할까 두려워하기 때문이다. 미용실에서는 자신이 바라는 스타일로 완성되기를 원하고 식당에서는 음식을 맛있게 먹고 싶어서 미용사와 식당 종업원의 감정을 살피는 것이다. 미용사나 식당 종업원과 충돌한다면 자신이 원하는 결과를 얻지 못한다는 사실을 알기 때문이다.

2

감정노동,
경영에 미치는 영향력은?

'고객 만족'은 경쟁력일 뿐만 아니라 생존에도 영향을 미친다. 눈요기나 하려고 들어갔다가 직원의 친절에 감동해 물건을 구매하기도 하고, 고객의 불만에 적절하게 대응하지 못해 경영에 치명적인 타격을 받기도 한다. 이처럼 '서비스의 양과 질'은 생존을 위한 선택이 아닌 필수가 됐다.

고객에게 제공되는 서비스의 양과 질은 온전히 감정노동자의 몫이다. 식당의 인테리어가 아무리 훌륭하더라도 종업원의 친절을 대신할 수 없는 것처럼 판매하는 상품의 가치는 서비스를 제공하는 감정노동자의 친절에 비례한다. 이에 따라 감정노동자가 해야 할 역할도 다양해지면서 업무 강도도 높아지고 있다.

감정노동의 고충을 이해해야 서비스 수준이 유지될 수 있다

기업이든 자영업이든 생존을 위해서는 고객의 마음을 사로잡아야 한다. 하지만 고객의 마음을 사로잡기가 생각보다 쉽지 않다. 제품의 품질이 상향 평준화되면서 디자인이나 서비스 등 소프트웨어와 관련된 경쟁력을 확보할 필요가 커졌다.

서비스 경쟁이 치열해질수록 감정노동자의 역할이 커지면서 요구사항도 많아진다. 하지만 감정노동자가 회사의 모든 요구를 수용하기가 쉽지 않다. 감정노동자가 고객에게 서비스를 제공하기 위해 고객에게 자신의 실제 기분과 다른 감정을 표현해야 하는데 이것은 감정노동자의 에너지를 고갈시켜 피로와 스트레스의 원인이 된다.

피곤한 감정노동자는 고객에게 적절한 서비스를 제공하기 어렵다. 머리로는 고객에게 최고의 서비스를 제공해야 한다고 생각하지만, 마음은 그렇지 못해 머리와 마음이 따로 움직이게 된다. 이런 상태가 계속되면 고객은 불만을 제기하고, 경영자는 고객의 불만을 줄이기 위해 감정노동자에게 더 심한 압박을 하게 된다.

이런 악순환을 끊기 위해서는 경영자와 감정노동자는 한팀이 돼야 한다. 경영자는 감정노동자의 중요성과 고충을 이해하고, 감정노동자가 고객에게 최상의 서비스를 제공할 수 있는 환경을 만들 필요가 있다.

감정노동자를 보호하는 제도를 만든다

다양한 업종의 서비스 정책 중에는 감정노동을 어렵게 만드는 내용이 있다. 주기적으로 진행하는 '고객만족도 조사'도 이런 정책의 하나다. 기업에서는 감정노동자에게 고객만족도 조사에서 만점을 요구한다. 이런 이유로 감정노동자는 고객이 무리한 요구를 하더라도 쉽게 거절하지 못한다. 이런 상황이 반복되면 감정노동자의 피곤은 누적되고 일의 가치에 대해 의심하게 되면서 일을 그만두는 사람도 있다.

서비스를 제공하는 곳에서는 감정노동자와 '선량한 고객'을 보호할 필요가 있다. 감정노동자가 하루에 사용할 수 있는 에너지의 양은 정해져 있다. 감정노동자가 억지 주장을 하는 고객 A를 응대하면 과다한 에너지를 소모하게 된다. A로 인해 에너지가 소진된 감정노동자는 다른 고객에게 제대로 된 서비스를 제공하지 못할 가능성이 크다. 이런 문제를 방지하기 위해서는 감정노동자에게 욕설하는 고객처럼 감정노동자의 에너지를 과도하게 소모하게 만드는 고객의 유형을 정하고, 그 유형에 해당하는 고객에 대해서는 경찰에 고발하거나 거래 중단과 같은 강력한 조처를 할 필요가 있다. 감정노동자는 '경영자가 나를 보호해준다'라는 생각이 드는 순간 경영자나 조직을 믿고 자신의 모든 에너지를 고객에게 쏟을 수 있기 때문이다.

3

감정노동, 감정의 역할은?

자동차의 시동을 걸면 계기판에는 다양한 모양의 경고등이 켜진다. 이 신호는 해당 부품에 대한 정보를 운전자에게 전달하고, 이상이 있거나 자동차가 움직이기 시작하면 속도계와 온도계는 운전자에게 관련 정보를 제공하기 시작한다.

운전하는 사람은 안전을 위해 수시로 계기판을 점검하면서 운전한다. 만일 자동차의 온도계가 적정 범위를 넘어섰는데도 자동차를 계속 운전한다면 어떤 일이 벌어질까? 자동차의 적정 속도를 무시하고 가속 페달을 계속 밟는다면? 계기판이 고장 난 자동차를 운전해야 한다면 아주 조심스럽게 운전하거나 아니면 운전을 포기할 가능성이 크다.

감정은 정보를 제공한다

우리가 살아가는 데 있어 자동차의 계기판과 같은 역할이 감정이다. 감정은 몸과 마음의 상태를 알려주는 중요한 역할을 한다. 더운 날 땀을 흘리면서 "너무 더워 짜증 나"라고 말을 한다면, 이 말 뒤에는 '몸을 식히고 싶다'와 같은 정보가 담겨 있다. 한겨울 얇은 옷을 입으면 온몸이 떨리는 것을 느끼게 된다. 이런 떨림은 '빨리 옷을 더 입어 체온을 높여야 한다'라는 신호다. 땀이나 몸 떨림과 같이 몸의 상태를 알려주는 신호를 짧은 시간 동안 무시하면 일사병이나 감기나 두통 정도로 끝날 수도 있지만, 오랫동안 계속 무시하면 사망에 이를 수도 있다.

이처럼 감정이 제공하는 정보는 크게 세 가지로 나눌 수 있다.

정보 1. 환경에 관한 정보를 제공한다

앞에서 잠깐 설명했듯이 감정은 외부 환경에 대한 정보를 제공한다. 날씨가 쌀쌀한데 옷을 얇게 입으면 피부에 소름이 돋는다. 이것은 '날씨가 추우니 몸을 따뜻하게 만들기 위해 옷을 더 입어야 한다'라는 정보다. 반대로 땀은 '체온이 너무 높으니 체온을 내릴 필요가 있다'라는 메시지다. 감정은 이런 메시지를 반복해 보내면서 우리의 생존을 돕고 있다.

정보 2. 자신의 상태를 알려준다

감정은 신체와 심리에 대한 정보를 수시로 제공한다. 배에서 나는 꼬르륵 소리는 '에너지 공급을 위해 식사할 필요가 있다'라는 신호다. 눈에서 눈물이 흐르면 '슬픔을 느낀다'라는 신호다. 이처럼 감정을 파악하면 자신에 관한 정확한 정보를 알 수 있다.

감정노동에서 감정 파악은 중요하다. 고객을 만나기 전 목이 마르고, 심장박동이 빨라지는 것을 느낄 수 있는데 이것은 '긴장하고 있다'라는 정보다. 이런 신호를 무시하고 긴장한 채 고객을 만나면 원하는 결과를 얻지 못할 가능성이 크다.

정보 3. 고객의 상태를 알 수 있다

매일 웃는 모습을 보여주던 동료가 어느 날 아침 찡그린 표정으로 사무실에 들어오면 '무슨 일이 있었구나'라고 눈치를 챌 수 있다. 고객이 화를 내면 피하게 되는데 이는 '상대가 위험하니 피하라'라고 감정이 알려주는 정보에 따른 본능적인 반응이다. 이처럼 감정은 상대의 정보를 알려주어 상대의 상태에 적합한 반응을 할 수 있도록 돕는다.

고객은 수시로 자신의 정보를 다양한 방법으로 표현한다. 감정노동자가 고객의 메시지에 민감하게 반응할수록 고객의 만족도를 높일 수 있고, 고객과의 관계를 발전시킬 수 있다. 고객은 감정노동자와 대화하는 과정에서 정보나 서비스에 만족하지 못하면 표정이나 행동으로 불편한 마음을 감정노동자에게 알리게 된다. 이때 감정노동자가 고객의 정보에 민감하게 반응해 고객의 불만을 해소하면 만족스러운 결과를 얻을 수 있지만 그렇지 못한 경우 고객의 마음을 얻는 데 실패하고, 고객은 실망한 채 그곳을 떠나게 된다. 고객과 대화하는 감정노동자가 고객의 감정 정보를 빨리 알아차릴수록 고객을 만족하게 할 가능성은 커진다.

고객의 감정 정보에 민감하게 반응해야 하는 또 다른 이유가 있다. 고객은 다른 선택지가 있으면 불쾌한 경험을 참지 않는다. 미국 에티콤의 조사에 따르면 불쾌한 대접을 받은 고객의 60%는 거래처를 바꾼다고 한다. 같은 서비스를 받으러 더 멀리 가거나 돈을 더 내더라도 그렇게 한다는 것이다. 더 놀라운 사실은 불만을 품은 고객의 75% 정도는 매니저나 회사에 얘기하지 않고 거래를 중단한다는 것이다. 이처럼 고객이 보내는 감정의 정보를 읽는 감정노동자의 능력은 기업의 실적과 밀접한 관계가 있다.

정보의 선택에 따라 감정은 달라진다

사람의 행동은 기분에 따라 달라진다. 즐거움을 느끼면 활기차고, 유쾌하며, 사교적이고, 포용적인 모습을 보인다. 숨쉬기도 편안하고 맥박이나 혈압의 변화도 적다. 반면 불쾌한 기분을 느끼거나 화가 나면 호흡이 거칠어지고 맥박이 빨라지면서 혈압도 오른다. 이런 상태에서는 상대와 충돌할 가능성이 크다.

이런 감정의 변화는 사람을 만날 때 확연히 드러난다. 자신이 평소에 좋아하던 사람을 만나면 반가움과 기쁨을 느끼면서 즐겁고 유쾌한 시간을 보내지만, 평소 미운털이 박힌 사람에 대해서는 이름만 들어도 불쾌한 기분을 느낄 수도 있다.

감정은 상황에 대한 정보를 어떻게 받아들이느냐에 따라 달라진다. 점심을 먹기 위해 식당을 찾았는데, 주인이 손님에게 야단치듯 말하면 손님은 어떻게 반응할까? 아마 '이런 식당이 다 있어?' 또는 '망하려고 작정을 했구나'와 같은 생각을 하면서 다시는 그 식당을 찾아가지 않을 수도 있다. 그런데 욕쟁이 할머니 식당은 어떤가? 할머니가 심한 욕을 하더라도 손님은 웃으면서 즐거워하고, 음식을 먹고 잘 먹었다고 인사하면서 식당을 나선다. 이처럼 식당 주인이 손님을 맞이하는 상황에서 손님이 그 상황을 받아들이는 방법에 따라 결과는 달라진다.

4

감정노동을 어렵게 만드는 원인은?

감정노동자의 말이나 행동이 고객에게 미치는 영향에 대한 이해 부족은 고객과의 관계를 어렵게 만드는 원인이 될 수 있다. 사람은 본능적으로 자신에게 상처를 준 사람을 의도적으로 피하게 되는데 부모나 친구처럼 가까운 사이라도 마찬가지다. 부모는 아이가 바르게 자라기를 바라는 마음에서 야단을 치지만 아이의 마음속에서 부모는 '자신에게 상처를 주는 사람'으로 자리 잡게 된다.

부정 편향(Negativity Bias)이란 용어가 있다. 시카고대학 심리학과 존 카시오포(John T. Cacioppo) 등은 사람들이 긍정적인 그림, 부정적인 그림과 중립적인 그림을 볼 때 발생하는 뇌 활동을 검사한 결과, 부정적인 그림을 볼 때 뇌가 훨씬 더 많이 반응한다는 사실을 발견했다. 이런 실험 결과를 바탕으로 심리학자들은 부정적인 경험을 할 때 더 많이 기억하고 더 강하게 반응한다는 사실을 알았고, 이런 현상을 부정 편향이라고 부른다.

부정 편향은 우리의 일상에 다양한 영향을 미친다. 낯선 사람을 만날 때 '저 사람이 나를 이용하려는 것이 아닌가?'라는 생각을 하면서 상대를 경계하는 이유도 상대로부터 배신과 같은 부정적인 결과를 경험할까 봐 두려워하기 때문이다. 고객이 감정노동자의 친절에 대해 방어적인 태도를 보이는 이유도 이런 부정 편향의 결과다.

감정노동자가 일하는 과정에서 부정 편향처럼 고객과의 관계에 부정적인 영향을 미치는 행동이 몇 가지 있다. 감정노동자가 이런 행동을 이해하면 고객과 더 나은 결과를 만들 수 있다.

고객에 대한 기억

감정노동자의 실수는 고객의 감정상태에 영향을 받게 된다. 감정노동자의 실수가 고객이 즐거울 때 일어났다면 별다른 문제 제기 없이 수습될 가능성이 크지만, 고객이 불편한 감정상태일 때는 감정노동자의 사소한 실수에도 고객이 문제를 제기할 가능성이 크다. 고객이 불쾌하고 불편한 상태에서는 감정노동자의 사소한 행동에도 공격적인 반응을 보일 수 있다. 특히 고객과 감정노동자는 서로를 이해할 기회가 부족하므로 감정노동자가 고객의 정보에 민감하게 반응하지 않으면 충돌할 가능성이 커진다. 이처럼 감정노동자와 고객과의 충돌은 고객이 불편한 감정상태일 때 발생하기 쉽다.

흥분한 고객을 대하는 감정노동자의 선택지는 고객이 차분해질 때까지 기다리는 것 이외에는 다른 방법을 찾기가 어렵다. 최근에 콜센터에서 일하는 직원과 대화한 적이 있다. 그에게 일하면서 어려운 점이 있느냐고 물었더니 분노하는 고객을 대하기가 제일 어렵다고 말했다. 고객의 분노 섞인 불만을 듣다가 기절한 적도 있다고 했다. 고객은 마음껏 분노를 표현하는데, 자신은 분노를 참아가며 친절하게 대답하는 과정에서 화병으로 인해 기절한 것이다.

상황이 종료된 뒤 직원의 마음 상태는 어땠을까? 힘든 상황이 끝나면 마음이 개운해야 하는데 그렇지 못하고 더 불안하거나 답답해진다. 직원은 자신에게 화풀이한 고객을 잊지 못하고 가슴에 묻어둔다. 직원은 '고객의 상황이 이러했으니 그랬겠지!' 하며 머리로는 이해하고 넘어가지만, 마음속에는 그 경험이 아주 꼼꼼하게 기록된다.

감정노동자의 경험은 고객과 만나는 과정에서 행동으로 드러난다. 과거 자신에게 상처를 준 고객과 비슷한 외모나 말투의 고객과 만나면 자신도 모르게 과거에 만났던 고객에 대한 기억이 떠오른다. 감정노동자의 기억은 '고객을 멀리하라'라는 명령을 자신에게 내리고, 감정노동자는 이 명령에 따라 고객을 피하게 된다. 반대로 자신에게 긍정적인 에너지를 준 고객과 비슷한 고객을 만나면 마치 과거의 그 고객을 만나는 것처럼 적극적으로 다가가게 된다. 이처럼 감정노동자의 경험은 고객을 만나는 과정에서 다양한 영향을 미치게 된다.

고객의 행동에 대한 추측

몇몇 예능 프로그램에서 '고요 속의 외침'이라는 게임을 하는 것을 본 적 있을 것이다. 이 게임은 제작진이 제시한 단어를 A가 B에게 그 단어의 뜻을 설명하면 B는 그 설명을 들으면서 단어를 맞히면 된다. 이때 B가 A의 설명을 듣지 못하도록 헤드폰을 낀 상태로 게임을 진행한다. B는 A의 설명이 들리지 않기 때문에 A의 입 모양을 보면서 정답을 추측해야 하는데, 출연자가 말하는 엉뚱한 대답에 시청자들은 즐거움을 느끼곤 한다. 이 게임에서 상대의 말이나 행동에 대한 추측은 엉뚱한 결과를 낳는다.

사람은 눈앞에 사람이 나타나면 본능적으로 상대의 상태를 살피게 된다. 이런 행동은 인간의 오래된 본능으로 혹시라도 모를 눈앞에 있는 사람의 공격으로부터 자신을 방어하기 위한 반응이다. 감정노동자도 고객의 행동을 본능적으로 살피면서 행동의 의도를 추측하게 된다. 고객이 얼굴을 찡그리면 자신도 모르게 '나의 행동이 고객을 불편하게 만들었나?'라고 추측하면서 고객을 대하게 된다. 감정노동자의 생각은 표정이나 행동으로 드러나고, 감정노동자의 심각한 표정을 본 고객도 '저 사람의 표정이 굳어졌는데, 내가 무슨 실수를 했나?'라고 추측하게 된다.

고객의 반응에 대한 추측은 감정노동자에게 도움이 되지 않는다. 고객이 음식을 급하게 먹은 탓에 속이 불편해 인상을 찡그렸을 수도 있고, 감정노동자의 설명을 들으면서 구매 여부를 결정하느라 심각한 표정을 지었을 수도 있다. 만약 고객의 표정이 신경 쓰인다면 고객에게 "제 말이나 행동에서 불편함을 느끼셨어요?"라고 직접 물어보라. 아마도 대부분이 경우 별다른 문제가 없었다는 말을 들을 수 있을 것이다.

감정노동에 대한 감시

사람은 긴장하면 자기 능력을 제대로 발휘하지 못하게 된다. 사적인 만남에서 재미있기로 소문난 연예인도 예능 프로그램에 출연해서는 재미라고는 찾을 수 없었다는 기사를 가끔 접한다. 이렇게 되는 이유 중 하나는 여러 사람이 자신을 지켜보고 있다는 생각에서 오는 부담감 때문이다. '재미있어야 한다'라는 압박감으로 인해 자신도 모르게 긴장하게 되면서 평소와 다른 모습을 보이는 것이다.

감정노동자를 긴장하게 만드는 원인 중 하나는 지나친 '관심' 또는 '감시'다. 감시와 관심의 차이는 감정노동자를 바라보는 관점이다. 관심은 '감정노동자를 도울 방법'에 초점을 맞추지만 감시는 '감정노동자를 통제할 방법'에 초점을 맞추게 된다. 감시는 감정노동자의 에너지를 고갈시키지만, 관심은 감정노동자의 에너지를 높이게 된다.

기업이 감정노동자를 믿지 못하면 감시가 된다. 감시는 감정노동자의 부정적인 행동에 초점을 맞추게 된다. 한마디로 감정노동자를 질책하기 위한 구실을 찾는 것이다. 만약 '특정 상황에서 매뉴얼대로 대응하지 않았다는 이유'로 감정노동자를 질책했다고 하자. 감정노동자의 머릿속에는 '어떤 경우에도 매뉴얼대로 해야 한다'라는 인식이 강하게 박히게 된다. 하지만 매뉴얼대로 하는 대응 방식이 모든 고객을 만족시킬 가능성은 그리 크지 않다.

관심은 감시와 달리 감정노동자를 도우려는 의도가 있다. 감정노동자는 고객에게 서비스를 제공하는 과정에서 모든 의사결정을 혼자서 해야 한다. 이런 과정을 반복하면서 '혹시나 잘못 대응해 문제가 생기면 어쩌지?'와 같은 두려움을 느낀다. 이럴 때 상사나 동료가 "힘들지? 내가 응원하고 있으니까 걱정하지 마"라는 말을 건네면 감정노동자는 '내가 실수하더라도 동료가 도와줄 거야'라는 생각을 하면서 한결 가벼운 마음으로 고객을 맞이할 수 있게 된다.

감정노동의 질은 감정노동자의 에너지 수준에 달려 있다. 피곤한 감정노동자에게 수준 높은 서비스를 기대하기 어려운 것처럼 에너지가 고갈된 감정노동자는 고객에게 제대로 된 서비스를 제공하지 못한다. 고객에게 균질화된 서비스를 제공하는 방법이라고 생각한 '감시'가 오히려 서비스의 질을 떨어뜨리는 원인이 된 것이다. 그러므로 기업에서는 감정노동자를 바라보는 시각을 점검할 필요가 있다.

이를 위해 기업에서는 '어떻게 지원하면 감정노동자가 고객에게 최선을 다할 수 있을까?'에 초점을 맞추고 감정노동자에게 관심을 기울이면 감정노동자는 업무에 집중할 수 있게 되고, 이런 집중력은 회사의 경쟁력으로 이어지게 된다. 그러므로 기업이 고객 서비스의 질을 높이기 위해 가장 먼저 해야 할 일은 '누가 일을 하는가?'와 '그 일을 하는 사람이 어떤 방법으로 할 때 가장 효과적인가?'를 생각하고, '그 사람을 어떻게 도와줄 수 있을까?'와 같은 질문에 대한 답을 찾는다면 그것은 '관심'이 된다.

감정노동자는 누구나 감시보다는 '관심'을 원한다. 따뜻한 관심을 받는 감정노동자만이 고객에게 진심 어린 관심을 줄 수 있다. 관심은 감정노동자가 자기 능력을 최대로 발휘하게 만드는 원동력이 된다.

감정노동자에 대한 과도한 질책

감정노동자가 고객한테서 듣는 "고맙다"라는 말은 감정노동자의 피곤을 지우는 영양제와 같다. 만약 감정노동자가 고객으로부터 "일을 이렇게 엉망으로 해!"와 같은 질책만 계속 듣는다면 어떻게 될까? 아마도 고객을 대할 때 자신도 모르게 위축되면서 능력을 온전히 발휘하지 못할 수도 있다. 위축된 감정노동자는 고객의 불만을 사게 되고, 회사로부터는 무능력하다는 평가를 받으면서 자신감이 더 떨어지는 악순환에 빠질 수 있다.

감정노동자는 최상의 상태에서 고객을 맞이해야 최상의 서비스를 제공할 수 있다. 감정노동자에게 경각심을 주기 위해 하는 질책은 감정노동자를 좌절의 구렁텅이에 빠지게 할 수 있다. 이런 경험들이 쌓이면 감정노동자는 '내 능력이 이 정도밖에 안 되는구나'라고 생각하게 된다. 자기 능력을 믿지 못하는 감정노동자는 자신감 없이 고객을 맞이하게 된다. 고객은 자신감이 떨어진 감정노동자를 신뢰하지 않는다.

감정노동자가 고객에게 두려움을 느끼면 자신의 역할을 제대로 수행할 수가 없다. 감정노동자가 고객을 대하는 방법과 관련된 이론을 열심히 외우더라도 실제로 고객을 만나는 과정에서 이론과 다르게 행동하거나 실수할 수 있다. 실수한 감정노동자를 강하게 질책해봤자 실수를 돌이킬 수 없고, 오히려 '실수하면 어쩌지?'라는 걱정을 하게 만들어 고객을 만나는 것에 대한 두려움만 키울 뿐이다.

감정노동자의 자신감은 고객에게 온전한 서비스를 제공할 수 있는 소중한 자산이다. 고의가 아닌 실수에 대해서는 질책 대신 감정노동자의 발전을 위한 계기로 삼아 감정노동자가 자신 있게 고객을 맞이할 수 있게 하는 것이 고객, 감정노동자 그리고 기업 모두에게 이익이 될 수 있다.

고객은 감정노동자의 서비스에 비용을 지불한다. 기업에서는 고객에게 가성비(가격 대비 비용)가 높은 서비스를 받는다고 인식시킬 필요가 있다. 이때 감정노동자의 태도가 가성비를 결정하게 된다. 그러므로 기업은 감정노동자가 자신감을 가지고 고객에게 충분한 서비스를 제공할 수 있도록 다양한 방법으로 지원해야 한다. 그래야 감정노동자가 자신의 역량을 충분히 발휘할 수 있게 되는 것이다.

감정노동자의 실수에 대한 건강한 대처 방법

감정노동자는 고객의 다양한 요구를 충족해야 한다. 이 과정에서 감정노동자는 실수나 회사에서 정한 매뉴얼과 다른 행동으로 고객의 불만을 초래하는 경우가 있다. 경영자는 감정노동자의 이런 행동을 어떻게 처리하느냐에 따라 감정노동자를 성장시킬 수도 있고 감정노동자를 해고할 수도 있다.

경영자는 감정노동자의 실수나 행동에 대해 단호하게 대처해야 한다. 이때 '단호함'의 강도와 태도에 대한 명확한 이해가 필요하다. 단호함의 강도는 강할 수도 있고 약할 수도 있다. 단호함의 태도는 다정할 수도 있고 적대적일 수도 있다. 강도와 태도를 결합하면 네 가지 조합이 가능하다.

① **적대감과 강한 단호함** : 무서운 비난이나 경멸로 실수한 감정노동자를 윽박지르고, 모욕하고 깎아내린다.

② **적대감과 약한 단호함** : 감정노동자에게 냉소적으로 될 때 나타나는 두 가지 표현 방식은 '실수한 감정노동자를 외면하기'나 '안 보이는 곳에서 험담하기'다.

③ **다정함과 약한 단호함** : 경영자는 감정노동자의 실수에 대해 조치를 하거나 지도해야 할 자신의 책임을 회피하게 된다.

④ **다정함과 강한 단호함** : 매우 효과적인 방법이지만 가장 드물게 사용되는 방법이다.

①~③의 반응은 적절하지 않은 대응 방법이다. 경영자가 ①번과 ②번의 반응을 하면 감정노동자는 자신을 방어하기에 급급해 문제의 원인을 찾고, 유사한 사례가 반복되지 않도록 원인을 찾아 예방 대책을 세우기보다는 실수를 정당화하는 핑계부터 찾게 된다. 이런 태도는 생산적인 결과를 낳지 못한다.

③과 같은 반응은 감정노동자에게 잘못된 인식을 심어주게 된다. 경영자가 감정노동자의 실수를 모른 척하면 감정노동자는 '이렇게 해도 괜찮구나'라고 생각하면서 업무를 하는 동안 긴장하지 않게 된다. 이런 태도는 유사한 사례를 반복할 뿐 아니라 또 다른 실수를 하게 만든다.

④와 같은 방법이 가장 바람직하다. 경영자는 실수한 감정노동자를 따뜻하게 대하면서도 실수한 행동에 대해서는 엄격한 반성을 요구한다. 경영자의 이런 태도는 감정노동자가 자기 행동을 솔직하게 돌아보게 하고, 실수를 방지할 방법을 찾도록 도와 감정노동자가 성장하는 기회가 된다.

경영자와 감정노동자 사이에는 '우호적인 관계'가 유지되어야 한다. 경영자는 감정노동자와 우호적인 관계를 유지하면서 감정노동자의 과제를 해결하도록 도울 필요가 있다. 감정노동자가 문제해결에 어려움이 있거나 실수할 때는 반드시 원인이 있다. 경영자가 감정노동자의 행동에 영향을 미치는 근본 원인을 제거하지 않은 채 감정노동자를 질책하면 감정노동자는 언제든지 문제행동을 반복할 수 있다.

감정노동자는 경영자가 자신을 이해하고 있다고 인식하기 전까지 마음의 문을 제대로 열지 않는다. 이런 감정노동자는 자기 행동을 변화시키는 데 소극적인 태도를 보인다. 그러므로 경영자는 먼저 감정노동자가 '안심하고 마음의 문을 열 수 있는 상황'을 만든 다음 감정노동자의 실수를 바로잡으려고 시도해야 원하는 결과를 얻을 수 있다.

5

감정노동자를 대하는
고객의 태도 변화가 필요한 이유는?

'고객'에 대한 새로운 정의가 필요하다

고객은 감정노동자에게 동전의 양면과 같다. 감정노동자는 고객으로부터 기쁨과 보람을 느끼기도 하지만 억울함과 분노를 유발하는 원인이기도 하다.

이런 이유로 고객에 대한 정의를 새롭게 할 필요가 있다. 고객을 왕처럼 존중해야 한다는 의미는 고객은 감정노동자를 존중하고 감정노동자는 고객에게 감사한 마음을 가질 때, 즉 고객이 감정노동자가 몸담은 조직에 도움이 될 때만 가능하다.

왕이 폭정을 하면 그 자리에서 쫓겨난다. 왕이 자신의 권력을 이용해 백성을 괴롭히면 그 왕은 더는 왕으로서 자격이 없다. 감정노동자를 괴롭히는 고객은 자신은 더 이상 고객이 아니라고 선언하는 것과 같다.

모든 고객이 도움되는 것은 아니다. 고객이 제품을 구매해야 회사가 생존할 수 있으니 고객을 왕처럼 모셔야 한다는 것은 서비스업에 종사하는 사람이라면 누구나 알고 있다. 하지만 흔히 블랙 컨슈머로 불리는 악의적인 사람들, 진상짓을 하는 고객이나 감정노동자에게 폭행이나 폭언을 하는 사람은 회사에 도움이 되는 고객이 아니다. 만약 이런 사람들까지 고객으로 분류하면 감정노동자는 이런 사람에게 자신의 에너지를 쏟아야 하기 때문에 진정한 고객은 피곤한 상태로 맞이하면서 제대로 된 서비스를 제공할 수 없게 된다. 또한, 감정노동자는 회사가 자신을 보호하지 않는다고 여기게 되면서 일에 대한 열정이 식을 수 있다.

'악화가 양화를 구축한다'라는 말처럼 선량하지 못한 고객은 선량한 고객에게도 영향을 미친다. 회사가 악의를 가진 고객을 방지하기 위한 제도를 강화할수록 선량한 고객에게도 부정적인 영향을 미치게 된다. 소수의 선량하지 못한 고객을 방지하기 위한 대책이 다수의 선량한 고객을 불편하게 만들 수도 있기 때문이다.

경영자는 '모든' 고객은 왕이라는 생각에서 벗어나야 한다. 소수의 악의를 가진 고객으로부터 다수의 선량한 고객을 보호할 필요가 있다. 경영자의 현명하고 과감한 선택은 감정노동자가 안심하고 고객을 위해 자신의 모든 에너지를 사용하면서 고객, 감정노동자 그리고 경영자 모두가 만족하는 출발점이다.

고객은 감정노동자를 파트너로 인식할 필요가 있다

최근 사회문제 중 하나는 '갑질'이다. 갑질은 국어사전에서 '상대적으로 우위에 있는 자가 상대에게 오만무례하게 행동하거나 이래라저래라 하며 제멋대로 구는 짓'으로 정의되어 있다. 계약서에서 거래 파트너를 의미하던 갑과 을이 어느 순간 상하관계의 의미로 변질된 것이다.

고객과 감정노동자는 수평적인 관계의 파트너다. 일부 고객은 감정노동자에게 제품이나 서비스의 대가를 낸다는 이유로 감정노동자를 수직적인 관계로 여기기도 한다. 고객의 이런 태도는 자신에게도 도움이 되지 않는다.

고객은 감정노동자의 도움이 필요하다. 고객은 감정노동자의 도움이 없으면 원하는 제품이나 서비스를 얻을 수 없다. 고객은 자신의 목적을 달성하기 위해서라도 감정노동자를 업무 파트너로 대할 필요가 있다.

고객은 감정노동자의 실수에 관대할 필요가 있다. 감정노동자는 하루에 많은 고객을 상대하기 때문에 고객과의 약속을 어기거나 응대를 소홀히 하는 경우가 있을 수도 있다. 고객은 감정노동자의 이런 행동이 자신을 무시하는 것이라고 여겨 과도하게 화를 내기도 한다.

고객은 '황금률'을 기억할 필요가 있다. 황금률은 성경에 나오는 말로 '무엇이든지 남에게 대접받고자 하는 대로 남에게 대접하라'라는 가르침이다. 이와 함께 '가는 말이 고와야 오는 말이 곱다'라는 속담처럼 고객이 감정노동자에게 화를 내면 감정노동자의 태도도 평소와 달리 거칠어질 가능성이 크다. 반대로 고객이 감정노동자를 존중하면 감정노동자도 고객에게 최상의 서비스를 제공하기 위해 노력한다. 고객은 어떤 태도가 자신에게 도움이 되는지 선택할 필요가 있다.

2장

감정노동자에게는
두 개의 주머니가 있다

1
행복과 불행은 감정노동자
스스로 선택하는 것이다

나그네가 길을 가다가 길가에 앉아 있는 노인을 보고 물었다.

"어르신, 앞마을에는 어떤 사람들이 살고 있습니까?"

그러자 노인은 대답 대신 질문을 했다.

"자네가 지나온 마을의 사람들은 어땠는가?"

"나쁜 사람들뿐이었습니다. 불친절하고 무례했습니다."

나그네가 투덜거렸다.

"그런가? 아마 앞마을에서도 그런 사람들을 만나게 될 것이네."

잠시 후 또 다른 나그네가 같은 장소에서 노인을 만났다.

"앞마을 사람들은 어떤지 말씀해주실 수 있는지요?"

나그네는 노인에게 친절하게 물었다.

이번에도 노인은 나그네에게 똑같은 질문을 했다.

"자네가 지나온 마을의 사람들은 어땠는가?"

"저는 그 사람들과 즐겁게 지냈습니다. 그들은 친절하고 베풀 줄 아는 사람들이었습니다. 즐겁게 여행 애기도 했고, 음식도 함께 나눠 먹었습니다."

나그네는 환한 표정을 지으며 말했다.

"자네는 앞마을에서도 그런 사람을 만나게 될 것이네."

세계관은 세상을 바라보는 안목이다. 세계관은 정치, 경제, 사회, 이성 등 세상에서 일어나는 모든 사건에 대해 자신만의 가치관에 따른 판단을 의미한다. 예를 들어, 작가는 글을 쓸 때 자신의 체험, 지식 그리고 상상과 함께 자신의 세계관을 바탕으로 글을 쓴다. 글을 읽는 사람은 작가와 마찬가지로 자신의 세계관을 바탕으로 작가의 글을 이해하고 판단하게 된다. 글을 읽는 사람이 글의 내용을 작가의 의도와 다르게 이해하는 것은 작가와 글을 읽는 사람이 서로 다른 세계관을 가지고 있기 때문이다.

사람들은 경험을 통해 자신의 세계관을 강화해간다. 그래서 노인은 나그네에게 질문하면서 '나그네의 세계관'을 파악했다. 나그네와 마찬가지로 감정노동자의 경험과 세계관은 감정노동자의 반응에 영향을 미친다.

감정노동자는 홀로 여행을 떠나는 나그네와 같다. 앞의 사례에서처럼 감정노동자가 자기 일에 대해 어떤 세계관을 가지고 바라보느냐에 따라 다른 결과가 만들어진다. 감정노동자가 자기 일에 대해 긍정적으로 바라보면 행복의 주머니가 열리고, 부정적으로 바라보면 불행의 주머니가 열리게 된다. 결국, 행복과 불행은 감정노동자 스스로 선택하는 것이다.

2

생각이 감정과 행동을 결정한다

같은 상황이라도 어떻게 받아들이느냐에 따라 행동이 달라진다. 앞서도 말했지만, 욕쟁이 할머니 식당에서 할머니의 잔소리를 들으면서 '할머니가 나에게 관심을 보이는구나'라고 생각하면서 친밀함을 느끼는 사람도 있지만, '고객에게 막말하네!'라고 받아들이면서 불쾌함을 느낄 수도 있다. 이처럼 욕쟁이 할머니의 말을 어떻게 받아들이느냐에 따라 친밀함과 불쾌함이 결정된다. 감정노동자도 욕쟁이 할머니 식당의 고객처럼 고객의 말이나 행동을 어떻게 받아들이느냐에 따라 다른 결과를 얻게 된다.

감정노동자가 두 가지 생각 중 무엇을 선택하느냐에 따라 고객을 향한 감정노동자의 말과 행동이 달라진다. 감정노동자가 상품을 설명하면서 고객의 표정이 굳어지면 '제품이 마음에 들지 않구나'라고 멋대로 생각할 수도 있고, '구매 결정을 위해 고민하고 있구나'라고 생각할 수도 있다. 감정노동자가 '결정을 위해 고민하고 있구나'라고 생각하면 감정노동자는 고객의 결정을 돕기 위해 더 열심히 제품을 설명하는 등 적극적인 태도를 보일 것이다. 하지만 '고객이 제품을 탐탁지 않게 여기는구나'라고 생각하면 고객을 설득하겠다는 마음이 사라지면서 설명도 건성으로 하게 된다. 따라서 감정노동자는 긍정적인 생각과 부정적인 생각 중 어떤 생각이 자신과 고객에게 도움이 되는지 선택할 필요가 있다.

생각이 감정과 행동에 영향을 미치는 것은 고객도 감정노동자와 같다. 고객이 긍정적인 경험을 위해 비용을 내는 이유도, 서비스 업종에서 '고객의 기분 좋은 경험'을 강조하는 이유도 이것 때문이다. 그러므로 경영자와 감정노동자는 고객이 매장이나 감정노동자와의 만남에서 기억에 남는 긍정적인 경험을 할 수 있도록 최선을 다할 필요가 있다.

삶에 영향을 미치는 다섯 가지 요소

회사 로비에 들어서는데 사장이 사무실로 들어가려는 모습이 보였다. 반가운 마음에 웃으며 인사했지만, 사장은 굳은 표정으로 사무실로 들어가버리는 것이 아닌가. 평소 직원들에게 친절하기로 소문난 사장인데 말이다. 이런 상황이 되면 '내가 무엇을 잘못했기에 인사도 받지 않을까?'라는 생각이 가장 먼저 들면서 서운함과 함께 불안해지면서 긴장감을 느끼게 된다. 온종일 사장의 눈치를 보게 되고, 사장과 눈이라도 마주치면 맥박이 빨라지고 손에 땀이 차는 증상도 생길 수 있다.

사장은 어떤 이유로 직원을 이렇게 반응하게 만들었을까? 사실 어제저녁 사장의 가족에게는 좋지 않은 일이 있었다. 학교에서 집으로 오던 딸이 교통사고를 당한 것이다. 그래서 사장은 밤새 병원 응급실에서 딸을 지키느라 잠을 제대로 못 잤고(환경 변화), 그 영향으로 몸은 지칠 대로 지쳐 있었다(신체 반응). 몸이 지쳐 있으니 집중력도 떨어져 앞에서 누가 인사하는지 못 알아챘다(신체 반응). 또한, 딸 걱정에 마음이 침울해져(감정) 평소와 다르게 표정이 굳어 있었다(신체 반응).

이처럼 우리의 일상은 생각, 감정, 행동, 신체 반응, 환경 등의 영향을 받고 있는데 이 다섯 가지 영역은 서로 연결되어 있다. 자동차가 움직일 때 네 바퀴가 저마다 다른 방향으로 움직이면 앞으로 나갈 수 없거나 큰 사고가 나듯이 생각, 감정, 행동, 신체 반응, 환경은 서로 연결되어 같은 방향으로 움직이면서 우리의 일상을 구성하고 있다.

[삶에 영향을 주는 다섯 가지 요소]

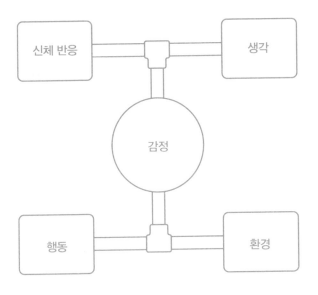

그럼, 이 다섯 가지 요소들은 어떤 식으로 연결고리를 가지고 있을까? 함께 살펴보자.

감정을 좌우하는 생각

같은 상황에 대해 어떻게 생각하느냐에 따라 다른 감정을 느끼고, 다르게 행동하게 된다. 욕쟁이 할머니의 욕을 들으며 '할머니가 나에게 친근하게 말하고 있구나'라고 생각하면 할머니의 욕에서는 정감을, 음식에서는 고향의 맛을 느끼게 된다. 반대로 '아무리 할머니라지만 손님에게 욕해도 되는 거야?'라고 생각하면 할머니의 목소리가 들릴 때마다 불쾌한 기분이 들어 아무리 맛있는 음식도 맛없게 느껴질 것이다.

경제 상황이 어려워진다는 소문이 들리면 식당 주인은 대개 두 종류의 생각을 하게 된다. '손님이 줄어들면 식당 경영이 어려워질 텐데…'라고 생각하면서 불안해하는 사람도 있지만, '그래, 내가 준비한 새로운 메뉴를 선보일 절호의 기회다!'라며 반기는 사람도 있을 것이다. 심하게 불만을 항의하는 고객 또는 호통을 치는 사장에 대해 '뭐, 저런 사람이 다 있어?'라고 생각하는 사람도 있지만, '이 손님을 단골로 만들 좋은 기회야!' 또는 '내가 사장님을 설득해 이번 기획안을 통과시킬 좋은 기회야'라고 생각하면서 적극적으로 노력하는 사람도 있을 것이다. 후자처럼 생각하는 사람의 경우 몸은 피곤하지만 즐거운 기분으로 일하게 될 것이 분명하다. 결국 주어진 상황에서 특정한 기분을 느낄 수 있도록 영향을 주는 것이 생각이다.

감정노동자가 가장 경계해야 할 것은 특정 상황에서의 생각이다. 고객이 콜센터 담당자에게 제품에 대한 불만을 얘기하고 있는 상황을 떠올려보자. 고객은 화를 내는 내내 '나는 이 제품의 제조사로부터 고객이 누려야 할 권리를 충분히 받지 못했다. 그리고 내 불만은 이 콜센터 직원으로부터 인정받지 못하고 있다'라고 생각을 한다. 그리고 고객의 거친 항의로 마음에 상처받은 콜센터 담당자는 '이런 불량품을 만든 회사가 원망스러워. 그리고 이런 일을 해야만 하는 내 처지가 너무 한심해'라고 생각한다. 이런 부정적인 생각들은 늪과 같아서 자신을 점점 더 부정적인 생각에 빠지게 하고, 이런 생각은 더 강한 부정적 기분을 느끼게 하면서 극단적인 행동으로 이끌 가능성도 커진다.

상황의 예	생각	기분
구조조정을 한다는 소문이 돌 때	'내가 회사에서 잘리면 어쩌지?'	불안, 우울, 분노
	'새로운 인생을 시작할 좋은 기회야!'	설렘, 편안함, 차분함
고객(상사)이 불만을 늘어놓을 때	'정말 진상이네.'	불안, 긴장, 성가심
	'단골로(내 편으로) 만들 좋은 기회다.'	활기, 즐거움, 애정

그렇다고 생각을 하지 말라는 뜻이 아니다. 스스로 어떤 생각을 하고 있는지 살펴보고, 행동하기 전에 자신이 생각하는 것이 객관적인 사실에 근거한 것인지, 단지 혼자서 막연하게 추측하고 판단하고 있지는 않은지를 명확하게 구분할 필요가 있다.

생각에 자연스레 반응하는 신체 반응

인적이 드문 길을 걷고 있는데 누가 뒤에서 따라온다고 생각해 보자. 긴장되면서 호흡과 맥박이 빨라지고, 손에는 땀이 촉촉이 배고, 걷는 속도도 빨라질 것이다. 그리고 머릿속에는 '나쁜 사람이면 어쩌지?', '나를 해치려고 따라오는 걸까?', '어떻게 해야 내가 무사히 이 상황에서 벗어날 수 있을까?' 등 별별 생각이 다 든다. 그러다 우연히 뒤를 돌아봤더니 아는 사람이 자신의 뒤에 서 있었다면? 아마 '내가 괜한 걱정을 했네'라는 생각이 들면서 호흡이 진정되고 걸음걸이도 평상시처럼 안정되면서 반갑게 그 사람과 인사를 나눌 것이다.

이처럼 생각은 신체 반응에도 영향을 미친다. TV에서 뱀이 혀를 날름거리는 모습을 보면 소름이 돋으면서 몸이 긴장되는 경험이나 즐거운 일을 마음속으로 상상하면 몸이 가벼워지면서 편안해지는 이유 등이 모두 생각이 신체 반응에 영향을 미친 사례들이다.

이러한 생각과 신체 반응의 관계는 이미지 트레이닝에 효과적이다. 미국 일리노이 대학에서는 농구팀 선수들을 A, B, C 세 그룹으로 나누어 A그룹 선수들에게는 한 달 동안 슈팅 연습을 시키고, B그룹 선수들에게는 슈팅 연습을 전혀 시키지 않았으며, C그룹 선수들에게는 매일 30분 동안 마음속으로 자신이 공을 던져 득점하고 자신의 기량이 점점 향상되는 모습을 상상하도록 했다.

한 달이 지난 후의 결과는 아주 놀라웠다. 훈련을 전혀 하지 않은 B그룹 선수들은 슈팅 실력에 아무런 진전이 없었고, 매일 실제로 연습한 A그룹 선수들과 이미지 트레이닝만 한 C그룹 선수들은 모두 슈팅 득점률에서 25%의 향상을 보였다. 결국 어떤 생각을 어떻게 하느냐에 따라 신체 반응이 달라지고, 신체 반응에 따라 생각 또한 바뀌면서 상황이 나아지기도 하고 악화하기도 하는 것이다.

아마도 많은 사람이 어렸을 적에 얕은 물에서 허우적댄 경험이 있을 것이다. 저자 역시 초등학교 시절에 물에 빠진 적이 있었다. 거의 매일 수영을 하던 곳이었는데, 어느 날 수영을 하던 중간에 쉬려고 섰는데 갑자기 발이 땅에 닿지 않았다. 순간적으로 당황해 허우적거리기 시작했고 물도 몇 모금 마시게 됐다. '아, 물에 빠졌구나' 하는 생각이 들면서 머릿속으로는 '살려달라고 외쳐야 한다'라는 생각은 드는데 입 밖으로는 아무 소리도 나오지 않았다. 다행히 저자의 모습을 본 형이 저자를 건졌는데 형을 잡고 서보니 수심이 목까지밖에 오지 않는 곳이었다. 저자가 몸을 똑바로 편 상태에서 정지한 것이 아니라 비스듬히 기울어진 상태에서 정지하게 되어 다리가 바닥에 닿지 않게 되자 '물이 깊다'라는 생각이 순간적으로 들면서 당황하게 된 것이다. 이 과정을 도표로 그려보면 다음과 같다.

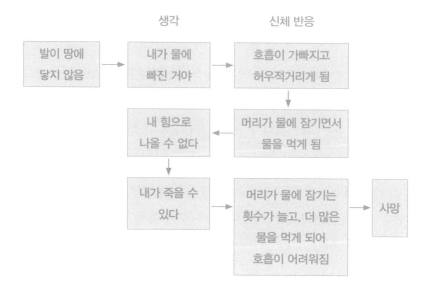

이렇듯 우리 몸의 반응은 생각과 긴밀히 연결되어 있다. 내가 어떻게 생각하느냐에 따라 몸에서 나오는 반응이 달라질 수 있다. 만약 저자가 물에 빠졌을 때 '여긴 대체로 물이 깊지 않으니 조금만 다른 곳으로 가면 괜찮을 거야'라고 생각했다면 비록 물을 조금 먹긴 하겠지만, 생명의 위협을 느끼면서까지 허우적대지 않았을 것이다.

생각에 따라 결정되는 두 가지 반응

앞서 얘기한 '욕쟁이 할머니'의 경우 할머니의 욕을 부정적으로 생각하는 사람들은 할머니의 욕을 듣자마자 인상을 찡그리거나 숟가락을 놓고 식당을 나가버리는 것과 같은 부정적인 반응을 보일 수 있다. 반면에 할머니의 욕을 이전에 경험했거나 그 진심을 이해한 사람들은 대체로 즐겁고 기분 좋은 반응을 보인다.

이처럼 어떤 상황에 부닥쳤을 때 사람들이 반응하는 유형은 크게 두 가지로 나눌 수 있다. 하나는 즉각적이고 부정적으로 대응하는 '반사적' 반응이고, 또 다른 하나는 상황뿐만 아니라 상황이 그렇게 형성된 배경에도 관심을 두는 '의식적' 반응이다.

반사적 반응은 특정 상황에서 '사람'에 초점을 맞출 때 발생한다. 이런 반응은 우리 주변에서 흔히 볼 수 있다. 급한 업무 때문에 빨리 가야 하는 운전자의 눈에 '초보운전' 메모를 붙인 차가 앞에서 천천히 가고 있으면 '저 차의 운전자는 천천히 운전하기 때문에 내 일정에 차질을 줄 수 있다'라는 생각이 떠오르면서 마음이 불안해진다. 그러면 거칠게 경적을 울리거나 급하게 차선을 바꿔 추월을 시도한다. 이것이 반사적 반응이다.

이런 반사적 반응과 달리 상황이 발생한 배경에 관심을 맞추는 것이 '의식적 반응'이다. 초보운전자와 같이 사람에 초점을 맞춘 반사적 반응과는 달리 의식적 반응에서는 '초보운전자가 천천히 운전하는 이유'에 관심을 기울인다. '속도를 높이지 못하는 것은 지리를 모르거나 운전이 겁나기 때문'이라는 생각이 들면 경적을 울리거나 난폭하게 추월하기보다는 '내가 저 사람으로부터 영향을 받지 않고 빨리 갈 방법은 무엇일까?'라고 생각하게 된다. 그런 뒤에는 내가 원하는 것(빨리 가기)을 얻기 위해 경적을 울려 초보운전자를 자극하지 않고 내가 빨리 갈 수 있는 방법을 찾게 된다.

또한, 어떤 사건이 일어났을 때 머릿속에서 자동적으로 떠오르는 생각도 우리의 행동 방식에 영향을 준다. 콜센터에 근무하는 직원이 저녁 늦게 술을 마신 고객으로부터 불쾌한 말을 들었다면 이 직원의 머릿속에는 '술 마신 고객은 무례한 고객으로 응대하기 불편한 사람'이라는 그림이 그려진다. 그러면 그 뒤로는 고객이 술에 취해 있는 것 같으면 반사적으로 방어적인 태도로 응대할 가능성이 크다. 문제는 여기서 끝나지 않는다. 즉 불편하게 응대를 받은 고객은 부당한 대우를 받았다며 회사에 강력하게 항의할 것이고, 고객의 항의를 받은 그 직원의 머릿속에는 '술 취한 고객은 역시나 무례해'라는 생각이 더욱더 강하게 자리 잡게 된다. 이처럼 똑같은 상황에 부닥쳤지만, 생각에 따라 행동은 분명히 차이가 발생한다.

(1) 반사적 반응
"에이, 또 그 인간이야."

"쓸데없는 인간 같으니."

"이 식당 종업원들은 왜 다 저래?"

"나이 들어서 왜 저 모양이야!"

이런 문장은 다른 사람을 평가할 때 흔히 하는 말들이다. 특히 자신에게 부정적인 영향을 미친 상황에서 상대를 평가할 때는 상대가 자신에게 영향을 준 특정 행동보다는 상대의 존재 자체를 부정적으로 평가한다. 감정노동자는 고객으로부터 이런 종류의 욕설을 들을 때 가장 견디기 힘들다.

감정노동자나 고객은 자신이 바라는 이상적인 고객이나 감정노동자의 모습을 머릿속에 그려두고 있다. 식당 주인은 비싼 메뉴를 주문하고, 음식이 맛없더라도 아무런 불평 없이 먹고 식당 평가에도 후한 점수를 주는 고객을 기대할 수 있다. 만약 식당 주인의 이런 바람과 달리 고객이 음식에 대해 불평하거나 식당 평가를 박하게 하면 그 고객은 더 이상 식당 주인이 생각하는 바람직한 고객의 모습이 아니다. 이처럼 눈앞의 사람이 자신에게 도움이 된다고 생각되면 친절한 사람, 그렇지 못하면 불친절한 사람으로 판단하게 된다. 상대에 대한 감정노동자나 고객의 평가가 끝나면 상대를 바라보는 관점이 달라진다. 친절하다고 판단한 사람에게는 친절한 모습만, 불친절하다고 판단한 사람으로부터는 불친절한 모습만 탐색하게 된다.

앞서 말했듯 '부정 편향'의 영향에 의해 감정노동자나 고객은 상대의 긍정적인 모습보다는 부정적인 모습이 먼저 눈에 들어온다. 부정 편향은 '긍정적인 정보보다 부정적인 정보에 더 민감하게 반응하는 것'이다. 부정 편향이 필요한 이유는 '부정적 정보에 민감할수록 생존확률이 높기 때문'이다. 이런 이유로 인해 감정노동자는 고객이 보내는 긍정적인 정보보다 부정적인 정보에 더 민감하게 반응한다. 고객도 부정 편향의 영향을 받기 때문에 감정노동자의 긍정적인 정보보다는 부정적인 정보에 더 민감하다.

감정노동자가 고객과 대화하는 과정에서 고객으로부터 부정적인 피드백을 받는 경우가 많다. 감정노동자의 부정적인 경험은 고객에게 부정적인 태도를 보일 수 있다. 고객은 감정노동자의 이런 태도를 보면서 부정적인 반응을 보이고, 감정노동자는 고객의 이런 반응을 보면서 고객에 대한 부정적인 경험을 강화하는 악순환이 반복될 수 있다.

'주는 것 없이 밉다'라는 말처럼 상대의 부정적인 언행은 특별한 노력을 하지 않더라도 누구나 쉽게 발견할 수 있다. '옷이 뭐 저래?', '저것도 농담이라고…'와 같은 반응은 자신에게 아무런 영향도 주지 않는 상대의 외모, 옷차림 등을 비난의 대상으로 삼는다.

[반사적 반응]

초점	성격, 성별, 직업, 나이, 외모 등
결과	폭력, 관계 단절, 스트레스나 갈등과 같은 부정적인 결과

반사적 반응은 불행의 씨앗이다. 감정노동자가 자신에게 아무런 영향을 미치지 않는 고객의 외모나 언행에 반응하기 시작하면 감정노동자의 스트레스가 높아진다. 또한, 감정노동자의 감정이나 행동은 상대의 영향을 받게 된다. 감정노동자는 삶의. 감정노동자가 이런 함정에서 벗어나기 위해서는 의식적으로 노력할 필요가 있다.

(2) 의식적 반응

모든 감정노동이 힘들겠지만, 외식업은 상대적으로 더 힘들다. 콜센터 근무는 힘들지만, 어려움을 나눌 동료도 있고 감정노동자를 보호해줄 조직도 있다. 이와는 달리 식당이나 카페를 운영하는 사람은 허허벌판에 홀로 서 있는 외톨이와 같다. 보호해줄 조직도 없고, 자신의 대응 결과에 따라 하루아침에 오랫동안 공들였던 가게가 망할 수도 있기 때문이다.

신문에 보도되거나 외식업에 종사하는 사람한테서 들은 고객의 횡포는 상상을 초월하는 경우가 많다. 이런 상황을 맞이한 식당이나 카페 주인은 고객과 싸움이라도 하고 싶지만, 그 순간 모든 것이 끝이라는 사실을 알기 때문에 스트레스 상황에서도 고객이 아니라 자신을 위해 의식적으로 참게 된다. 이처럼 상황을 악화시키지 않고 자신에게 긍정적인 결과를 만들기 위해 의식적으로 노력하는 반응을 '의식적 반응'이라고 한다.

의식적 반응은 사람에 초점을 맞추는 반사적 반응과는 달리 자신에게 영향을 미치는 '고객의 행동'에 초점을 맞추는 것이다. 즉, '고객의 행동에는 이유가 있다'라고 생각하면서 고객이 그런 행동을 하는 원인을 궁금해하는 것이다.

[의식적 반응]

초점	행동의 원인
결과	행동의 원인 파악, 해결 방안 탐색, 관계 개선과 같은 긍정적인 결과

감정노동자가 의식적 반응을 하면 '고객이 저렇게 화를 내는 이유가 무엇일까?', '고객을 도울 방법은 무엇일까?'와 같은 궁금증이 생긴다. 또한, '지금 나를 지키는 방법은 무엇인가?'와 같은 질문의 답을 찾으면서 상대의 도발로부터 자신을 보호한다.

이런 노력의 결과, 의식적 반응은 반사적 반응과 달리 부정적인 결과를 만들지 않는다. 고객을 비난하는 대신 고객에게 다가가 원하는 것이 무엇인지 묻고, 도울 방법을 고객과 함께 찾아가는 과정에서 감정노동자와 고객은 문제를 함께 해결하는 '같은 팀'이 된다. 이 과정에서 고객과의 관계는 끈끈해지고, 고객은 감정노동자에게 믿음을 가지게 되면서, 감정노동자가 속한 조직을 신뢰하게 된다.

(3) 두 가지 반응이 감정노동에 미치는 영향

다음 상황에서 반사적 반응과 의식적 반응에 대해 생각해보자.

고객과의 미팅 시간에 늦지 않기 위해 급하게 차를 몰고 가다 신호에 걸렸다. 잠시 후 신호가 파란불로 바뀌었는데도 앞차가 출발하지 않는다.

이런 경우 운전자는 반사적 반응과 의식적 반응 중 한 가지 반응을 하게 된다.

구분	반사적 반응	의식적 반응
생각	• 신호가 바뀌었는데 출발하지 않고 뭐 하는 거야? • 운전을 제대로 못 하면 차를 몰고 나오지 말아야지.	• 저 사람이 출발하지 못하는 이유는 무엇일까? • 무슨 일이 저 사람을 곤란하게 만들어 저런 상황을 만들었을까?
기분	• 화가 나고, 초조하고, 답답하다.	• 걱정되고, 안타깝고, 궁금하다.
행동	• 경적을 울린다. • 앞차 운전자에게 욕을 하거나 이 길로 들어선 자신이나 이런 상황을 만나게 만든 사람들에게 욕을 한다. • 무리하게 차선을 변경하려고 시도한다.	• 차분히 기다려 준다. • 도와주기 위해 앞차 옆으로 다가간다.

앞차의 운전자가 차를 움직이지 않는 것에는 뒤차 운전자가 알지 못하는 이유가 분명히 있다. 한눈파느라 신호가 바뀐 것을 보지

못했을 수도 있고, 차가 고장이 났거나 차에 탄 사람끼리 싸우느라 주변 사람들을 전혀 배려하지 않았을 수도 있다. 하지만 앞차가 움직이지 않는 분명한 이유는 뒤차 운전자를 골탕 먹이기 위함은 아니다.

뒤차 운전자에게 가장 중요한 것은 '자기 보호'다. 주변 지리에 어두워 길을 찾느라 헤매는 경우 뒤차에서 아무리 경적을 울리더라도 앞차의 운전자는 자신이 원하는 목적지를 찾기 전까지는 뒤차 운전자가 바라는 대로 운전하지 않는다. 뒤차 운전자는 자신이 원하는 대로 운전하지 않는 앞차 운전자를 보면서 '저따위로 운전하면 어떡해!'라고 반사적으로 생각하면, 감정이 격앙되고, 혈압이 올라가며, 무리하게 차선을 변경하다 사고가 날 가능성만 커진다. 앞차 운전자를 신경 쓰다 사고가 나면 원하는 시간에 목적지에 도착하지 못할뿐더러 심한 경우 부상으로 병원에 입원해야 할 수도 있다. 그러므로 이럴 때는 앞차 운전자가 원하는 목적을 달성할 수 있도록 차분하게 기다리는 것이 현명한 방법이다.

이처럼 '의식적 반응'은 자기 행동에 초점을 맞추면서 '이렇게 하니 상대가 화를 내는구나'라는 것을 깨닫고 상대가 싫어하는 행동을 하지 않으려는 의식적인 노력이다. 이렇게 의식적으로 상대의 행동을 이해하려고 노력하면 상대와의 관계는 놀랍도록 개선될 수 있고, 일에 집중할 수 있게 되어 성과도 저절로 높아진다.

생각에 영향을 미치는 환경

몹시 더운 여름날 전자제품 수리센터를 방문했다고 가정하자. 이때 수리센터의 내부가 시원하고 잔잔한 음악이 나오면서 시원한 음료까지 갖춰져 있다면 편안하고 차분하게 자신의 차례를 기다릴 것이다. 반면 실내가 바깥보다 덥고 머리 위에서는 낡은 선풍기 소리가 윙윙 들린다면 아마도 '아니, 물건도 시원찮게 만들어 나를 골탕 먹이더니 여기서도 힘들게 하네. 어디 두고 보자'라고 생각하게 될 것이다.

가정에서도 마찬가지다. 부모로부터 지지와 격려를 받으면서 성장한 사람과 그렇지 못한 사람의 생각에는 분명한 차이가 있을 것이다.

이처럼 환경은 생각에 영향을 미치는데, 지금의 환경뿐만 아니라 자신이 성장하면서 경험한 환경 또한 현재의 생각에 영향을 미치게 된다. 어릴 때부터 성적이 떨어지거나 실수할 때마다 부모에게 야단을 맞으면서 자라온 사람은 '나는 다른 사람에게 피해를 주기만 해', '나는 무능해'라는 생각을 하며 살게 된다. 또 '다른 사람이 나를 어떻게 바라보고 있을까?', '또 실수하면 어쩌지?'라는 생각에 자신이 가진 능력을 마음껏 발휘하지 못할 수 있다. 불안과 긴장으로 인해 원하는 결과를 얻지 못하면 '나는 역시 무능력해'라고 스스로 '못난 사람'으로 낙인을 찍어버리게 된다. 이처럼 성장 환경은 사람들의 신념이나 가치관에 영향을 미친다.

이런 이유로, 감정노동자가 고객을 만날 때는 '이들은 나와 다른 환경에서 살아온 사람들이다'라는 점을 항상 고려해야 한다. 고객은 감정노동자와 환경이 다른 곳에서 살아왔기 때문에 생각이나 가치관이 자신과는 다르다는 것을 인정하고 대화를 시작할 필요가 있다. 즉 과거에 어떤 사람을 만났든 그 경험은 잠시 잊어버리고 지금 자신의 눈앞에 있는 고객에게만 초점을 맞춘다면 고객의 생각과 욕구를 쉽게 파악할 수 있어 대화도 원만히 이뤄질 것이다.

이는 회사에서 직원들이 상사를 대할 때도, 일반인이 타인을 대할 때도 똑같이 적용되어야 한다. '이 사람은 나와 다른 환경에서 살아와 생각이나 가치관이 나와는 다르다'라고 인정하게 되면 과거의 경험 때문에 관계를 그르치는 일은 없을 것이다.

3

감정노동자의 생각이
감정노동에 영향을 미친다

과거 경험이 고객 응대에 영향을 미친다

감정노동자는 고객을 만나면서 다양한 경험을 한다. 앞에서 소개한 나그네처럼 부정적인 경험을 할 수도 있고, 긍정적인 경험을 할 수도 있다. 감정노동자가 고객과 만나면서 긍정 경험보다 부정 경험이 많으면 고객을 적대적으로 대하기 쉽다.

일상에서 경험하는 사건의 결과는 세계관에 따라 달라진다. 매장에 근무하는 한꺽정 씨의 눈에 며칠 전 자신의 매장에서 제품을 구매한 고객이 매장 앞으로 지나가는 모습이 보였다. 반가운 마음에 고객에게 웃으면서 인사를 했지만, 고객은 굳은 표정으로 다른 곳으로 갔다. 한꺽정 씨는 이런 상황을 만나면 '내가 무슨 잘못을 했나?' 또는 '구매한 제품에 문제가 있나?'와 같은 생각이 가장 먼저 떠오를 것이다. 어느 정도 시간이 지난 다음에는 '내가 아무리 밉더라도 인사는 받아야 하는 거 아냐?'처럼 고객을 원망하는 생각마저 들 수도 있다.

한걱정 씨의 이런 생각에는 한걱정 씨의 과거 경험이 영향을 미쳤다. 고객 중에는 자신에게 살갑게 다가와 인사를 하는 고객도 있지만, 한걱정 씨의 행동이나 제품에 불만을 느끼면 그 불만을 드러내거나 무시하는 사람도 있었다. 한걱정 씨의 과거 여러 경험이 지금 만나는 고객을 판단하는 기준으로 작용해 자기 인사를 무시한 고객의 반응을 추측하는 판단 근거로 삼게 된 것이다.

추측은 고객과의 관계를 멀게 만드는 원인이 된다. 감정노동자가 고객의 생각을 정확하게 파악하지 않은 채 추측으로 고객을 판단하게 되면 문제가 발생할 수 있다. 한걱정 씨가 고객의 생각을 확인하지 않으면 그 고객을 '내 인사를 무시한 고객'으로 기억한다. 한걱정 씨가 이런 기억을 가진 채 그 고객을 다시 만나면 '전에 내 인사를 무시한 고객'이라고 기억을 떠올리게 된다. 이렇게 되면 고객을 반갑게 맞이하지 못할 수 있다.

한걱정 씨처럼 감정노동자나 고객은 과거 경험을 바탕으로 상대의 행동 목적을 추측하게 된다. 한걱정 씨가 다른 고객으로부터 "화장실이 급해 인사하는 한걱정 씨를 보지 못했다"라는 말을 들은 적이 있다면, 자기 인사를 못 본 척한 고객의 반응을 보면서 '뭔가

급한 일이 있나 보다'라고 고객의 행동을 긍정적으로 생각했을 것이다.

이처럼 감정노동자의 과거 경험이 행동에 미치는 영향은 크다. 그러므로 감정노동자는 자신의 과거 경험으로 인한 부작용을 최소화하기 위한 노력이 필요하다.

부정적인 생각이 두려움을 느끼게 만든다

한걱정 씨의 친구는 롤러코스터를 타려는 사람들 틈에서 불만을 드러냈다. 친구는 한걱정 씨에게 "다른 놀이기구도 많은데 1시간 넘게 기다려 이걸 타야겠어? 순서를 기다리다 지치겠다"라는 말로 롤러코스터에 대한 자기 생각을 간접적으로 드러냈다. 특히, 친구는 먼저 탄 사람들이 높은 곳에서 떨어지거나 회전하면서 내는 비명이 들릴 때마다 근심이 가득한 얼굴로 불안해하면서 한걱정 씨에게 다른 놀이기구를 타자고 졸랐다.

롤러코스터는 타는 사람들이 다양한 감정을 느끼도록 설계됐다. 롤러코스터가 출발한 다음부터 자유낙하를 위해 정상을 향해 천천히 올라가는 동안 느끼는 긴장감과 초조함, 정상을 지나자마자 속도가 갑자기 빨라지면서 땅을 향해 수직으로 떨어지는 상황과 반복되는 회전은 사람들에게 공포와 재미를 유발한다. 인기가 있는 롤러코스터일수록 떨어지는 높이 차이가 크고 속도도 빠르고 회전하는 수가 많은데, 이런 장치가 많을수록 사람들에게 두려움과 함께 더 큰 즐거움을 주게 된다.

하지만 롤러코스터의 인기가 아무리 높더라도 모든 사람이 롤러코스터를 즐기지는 않는다. 롤러코스터 타기를 포기하는 사람도 많은데, 그 원인을 '신체적인 이유'와 '심리적인 이유'로 나눌 수 있다. 심장에 문제가 있거나 혈압이 높은 사람 또는 노약자나 임산부와 같은 사람은 롤러코스터의 급격한 움직임으로 인해 신체에 무리가 갈 수 있어 롤러코스터를 타고 싶어도 타지 못한다.

신체에는 문제가 없지만, 심리적인 이유로 롤러코스터 타기를 포기하는 사람도 있다. 롤러코스터를 타기 위해 기다리면서 들려오는 비명에 놀라 롤러코스터 타기를 포기하는 사람도 있고, 신문이나 방송에서 롤러코스터 소식을 듣고 불안한 마음에 롤러코스터를 타지 않는 사람도 있다. 심리적인 이유로 롤러코스터 타기를 포기하는 사람은 대부분 두려움 때문이다.

롤러코스터에서 느끼는 두려움의 근원은 '자신'에게 있다. 유명한 놀이터에 설치된 롤러코스터의 경우 과학적인 설계와 충분한 테스트로 롤러코스터의 안전을 충분히 과학적으로 입증했고, 운행 전에는 시설물을 꼼꼼하게 점검하고, 담당자가 먼저 탑승해 안전한지를 점검한다. 탑승객의 안전을 위해 안전바와 같은 다양한 안전장치를 설치했기 때문에 탑승객이 위험에 빠질 일은 거의 없다. 이렇게 안전한 롤러코스터에서 느끼는 두려움은 '만약 롤러코스터에 문제가 발생하면 어쩌나?' 또는 '저렇게 빨리 떨어지면 얼마나 무서울까?'와 같은 막연한 상상에서 비롯된다. 한걱정 씨의 친구가 한걱정 씨에게 롤러코스터를 타지 말고 다른 걸 즐기자고 했던 이유도 '위험할 수 있다'라는 부정적인 생각에서 오는 두려움 때문일 수 있다.

이런 현상은 사람만이 아니라 쥐도 경험한다. 쥐를 대상으로 윙윙거리는 소리를 들려준 다음 쥐의 발에 약한 충격을 가한다. 이런 과정을 여러 번 반복하면 쥐는 생리적으로 두려운 반응을 보이게 된다. 쥐 대부분은 소리를 듣자마자 다가올 충격을 예상해 두려움을 느끼고 얼어붙게 된다.

감정노동자가 고객을 만나는 과정에서도 막연한 두려움을 느낄 수 있다. 고객이 감정노동자를 향해 큰소리로 "어떻게 이럴 수가 있어요?"라고 외치는 소리를 들었을 때 어떤 반응을 보였는지 떠올려보자. 아마도 '큰일 났다'라는 생각이 강하게 들수록 머릿속이 하얗게 변하고, 몸이 얼어붙는 경험을 했을 가능성이 크다. 고객이 자신에게 화를 내는 등 부정적인 행동을 할 수 있다고 생각하면 심장박동이 빨라지기 시작하는데 이런 현상은 스트레스 상태에 들어섰다는 신호다. 이처럼 감정노동자가 부정적인 경험을 많이 할수록 두려움의 강도도 높아진다.

분노는 불행으로 가는 지름길이다

한걱정 씨의 친구는 롤러코스터를 타고 난 다음 한걱정 씨에게 무섭게 화를 냈다. 한걱정 씨는 롤러코스터 타는 것을 겁내는 친구에게 "십 년 묵은 체중이 다 내려갈 정도로 재밌어"라는 말로 유혹했었다. 하지만 한걱정 씨의 친구는 한걱정 씨에게 한바탕 화를 내고 혼자 놀이공원을 떠났다. 친구는 롤러코스터를 타고 난 다음 재미와 감동 대신 눈물과 콧물로 얼룩진 자기 모습을 보면서 한걱정 씨의 꼬임에 넘어가 이런 일을 당했다고 억울해하던 차에 한걱정 씨가 위로는커녕 자신을 놀렸기 때문이다.

한걱정 씨에게 화를 낸 한걱정 씨의 친구는 시간이 지나면서 후회가 밀려올 수 있다. '일부러 그런 것도 아닌데…. 내가 왜 화를 냈을까? 다음에 친구를 어떻게 만나지'와 같은 생각으로 마음이 점점 무거워질 것이기 때문이다.

감정노동자는 일하면서 고객의 말이나 행동에서 분노를 느낄 때가 있다. 고객이 함부로 반말하거나 욕설을 할 때 감정노동자의 마음속에서는 분노가 끓어오른다. 감정노동자는 이럴 때 다양한 생각들이 드는데, 자기 생각을 분노로 드러낼 때 문제가 된다.

분노는 부작용만 남긴다. 분노를 밖으로 드러내면 일시적으로 마음속에 있던 답답함이 사라지면서 후련함이 그 자리를 채우는 것처럼 느껴지지만 그것은 착각일 뿐이다. 분노는 자신과 다른 사람의 마음에 상처를 남겨 두 사람 모두에게 큰 아픔을 느끼게 한다.

분노는 이성을 잃게 만든다. 분노는 상대를 적으로 인식하게 만들어, 수단과 방법을 가리지 않고 자신과 상대의 몸과 마음에 상처를 낸다. 분노의 정도가 심할수록 상처의 크기도 커진다. 몸에 난 상처가 클수록 치료하기가 어려운 것처럼 마음에 새겨진 상처도 회복하는 데 많은 시간이 걸린다. 특히 감정노동자가 고객을 향해 분노를 표출하는 경우 감정노동자와 회사에 치명적인 문제가 발생할 수도 있다.

마음속 분노를 건강하게 해소하지 못하면 분노를 배출하기 위해 자신을 비난하게 된다. 이렇게 되면 분노는 감정노동자를 해칠 수 있다. 이처럼 감정노동자가 분노의 에너지를 드러내는 순간 불행은 시작된다. 분노로 인한 부정적인 결과를 정리하면 다음과 같다.

(1) 인간관계가 악화된다

한걱정 씨의 친구가 한걱정 씨에게 한 상처 주는 말로 인해 두 사람의 관계는 회복되지 못할 수도 있다. 한걱정 씨의 친구처럼 자기에게 화를 내거나 공격적인 태도를 보이는 사람을 좋아하는 사람은 아무도 없다. 분노는 가족까지도 멀어지게 만든다. 이처럼 분노는 가족, 지인 그리고 고객과의 관계를 멀게 만드는 가장 쉬운 방법이다.

감정노동자는 다른 사람으로부터 상처를 받을 수도 있지만 스스로 상처를 주기도 한다. 감정노동자는 자신을 괴롭힌 고객에게 아무런 대응을 하지 못하는 현실이 답답할 수 있다. 이때 '내 팔자가 한심하다. 내가 저런 인간한테 욕먹으려고 열심히 공부한 건 아닌데…'라는 생각이 들면서 자신이 한심스러울 수도 있으며, 어려운 상황에 부닥친 자신에게 아무런 도움도 주지 않은 동료가 원망스럽기도 하다. 이런 일이 반복되면 고객으로 인한 분노의 에너지는 감정노동자의 마음에 쌓이면서 감정노동에 부정적인 영향을 미치게 된다.

(2) 성과가 나빠진다

감정노동자가 고객으로부터 상처를 받게 되면 본능적으로 고객을 멀리하게 된다. 이때 감정노동자의 불편한 감정은 고객에게 전해진다. 자기 앞에 있는 감정노동자가 불편한 기색을 보이면 고객 또한 불편해진다. 서로에게 불편한 두 사람의 대화는 겉돌기 마련이고, 고객은 불만을 느끼면서 자리를 뜨게 된다. 이렇게 되면 감정노동자는 업무에서 성과를 얻기가 더욱 어려워진다.

(3) 정서가 불안해진다

감정노동자는 분노를 드러내고 난 다음 시간이 흐르면 '그때 왜 그랬을까?' 또는 '그렇게 하는 거 말고 다른 방법은 없었을까?'라고 후회하면서 '그때 내가 바보 같은 행동을 했어'와 같이 자신을 비난하면서 걱정, 불안, 우울함이나 당혹함과 같은 감정을 느끼게 된다. 이처럼 분노는 상대에게 드러낼 때도 문제지만, 드러내고 난 다음에도 감정노동자는 심리적으로 불안해진다.

(4) 무기력해진다

감정노동자가 분노를 드러낼 때 일시적으로 강한 에너지를 느끼지만, 시간이 지날수록 에너지가 사라진다. 분노하는 과정에서 몸에 있던 에너지를 소모했지만, 그만큼의 에너지를 채우지 못했기 때문이다. 감정노동자가 이런 상태를 오랫동안 반복해 경험하면 무기력한 상태가 된다. 정신분석가 수잔 캐벌러-애들러(Susan Cavaler-Adler)는 무기력을 '분노를 더는 드러내지 못할 때 보이는 상태'라고 해석했다. 즉, 감정노동자에게 무기력이란 화도 더는 내지 않는 상태를 말한다.

이처럼 분노를 표출하거나 경험할 때 지불해야 할 대가는 상당하다. 이런 대가를 치르더라도 분노를 있는 그대로 표출하고 싶은가?

고객을 향한 비난은 감정노동을 어렵게 한다

오랜만에 가족이 저녁을 먹기 위해 식당을 예약했다. 즐거운 마음으로 식당에 도착하니 예약할 때 부탁했던 조용한 방이 아니라 시끄러운 홀로 안내를 받았다.

이럴 때 어떻게 행동하겠는가? 사람마다 약간의 차이는 있겠지만 아마도 자신 또는 식당 직원을 강하게 비난하며 분노와 적개심을 드러낼 것이다.

"아니, 고객을 뭘로 보고 이렇게 하는 거야?"
"아, 미리 확인해야 했는데…. 내 실수로 가족 식사를 망쳤네."

이처럼 다양한 비난의 목소리를 쏟아낼 수 있을 것이다. 일이 계획대로 진행되지 않을 때 많은 사람은 '저 사람 때문에 내가 이렇게 됐어' 또는 '저 사람을 믿는 내가 바보야'라고 생각하면서 다른 사람이나 자신을 비난한다.

비난거리를 한번 찾기 시작하면 끝도 없다. 생김새, 말투, 행동뿐만 아니라 양말 색깔까지 머리부터 발끝까지 온통 비난거리투성이다. 그러나 아무리 비난거리를 많이 찾더라도 조용한 방이 나타날 리 없고 식당에 대한 분노만 쌓일 뿐이다. 이렇게 되면 우울하고 피곤한 기분이 들면서 가족과의 식사는 즐거운 추억이 아니라 더는 기억하고 싶지 않은 악몽이 된다.

감정노동자와 고객은 상대가 자기 뜻대로 움직이지 않는다는 생각이 들면 상대를 향해 '비난'의 화살을 날린다. 감정노동자는 까다로운 고객에게, 고객은 자신의 요구를 제대로 들어주지 않는 감정노동자에게 비난의 화살을 날리는 것이다.

감정노동자가 고객을 향해 비난의 화살을 날리기 시작하면 그때부터 고객은 공격의 대상이 된다. 이런 상태에서 감정노동자가 고객을 만나면 큰 문제가 발생할 수 있다.

(1) 비난에는 두 종류가 있다

식당 직원의 실수로 가족의 즐거운 시간을 망쳤다는 생각이 드는 순간 비난은 생명력을 얻게 된다. 비난의 강도가 강해질수록 행동 역시 폭력적으로 변할 가능성이 있다. 가끔 언론에 보도되는 '고객의 폭력'에 대한 기사 내용을 보면 고객의 요구를 수용하지 않아 발생하는 일이 많은데, 고객이 감정노동자를 자기 계획을 무산시킨 방해물로 여겼기 때문이다.

고객은 식당의 사례처럼 자기 계획대로 되지 않으면 비난할 대상을 찾게 된다. 이럴 때 머릿속에 가장 먼저 떠오르는 비난의 대상은 식당에서 예약전화를 받은 사람이다. '이 사람이 예약을 제대로 했다면 지금의 곤란한 상황도 없었을 텐데…'라고 생각하면서 예약

전화를 받은 사람을 탓한다.

비난의 대상은 시간이 지날수록 늘어난다. 처음에는 비난이 예약전화를 받은 사람에게 집중되었지만, 시간이 흐르면서 식당 주인도 비난의 대상이 된다. '직원 교육만 제대로 했어도 이런 상황은 없었을 텐데…'라고 비난하면서 식당 주인 또한 가족 식사를 망친 공범으로 여긴다.

이렇게 다른 사람을 상대로 하는 비난을 '타인 비난'이라고 한다. 예약전화를 받은 사람에게 비난의 소나기를 퍼부어도 분이 풀리지 않으면 '저 식당에 예약한 내가 미쳤지' 또는 '저런 식당을 맛집이라고 추천한 사람들에게 속은 내가 바보야'라고 자신을 탓하게 된다. 다른 사람 대신 자신을 비난하는 것을 '자기 비난'이라고 한다. 타인 비난과 자기 비난의 차이는 비난의 대상이다.

① 타인 비난

타인 비난은 감정이 격앙되면서 다른 사람을 사건의 원인으로 지목하는 것이다. 타인 비난은 상대에 대한 적개심을 높이고 모든 노력을 헛되게 만들면서 실패를 경험하게 만든다. 서로 비난하는 분위기의 직장, 분열 조짐이 있는 친목 모임 등을 떠올려보자. 이런 상황은 화, 긴장, 지겨움, 답답함 그리고 절망스러움과 같은 단어로 표현할 수 있다. 이런 분위기에서 긍정적인 결과를 만들어내기란 현실적으로 불가능하다.

② 자기 비난

자기 비난은 자신을 경멸하는 데 모든 에너지를 사용한다. 이런 반응은 좌절로 인한 분노가 어느 정도 가라앉은 후에 나타난다. 문제는 신랄하게 자기 비난을 하다 보면 스스로 위축되고, 의기소침해지면서 자신감을 잃고 무기력을 경험한다. 이런 상황이 오래되면 여러 가지 질병이 생길 가능성도 점점 커진다.

(2) 비난은 또 다른 좌절을 경험하게 만든다

많은 사람은 식당 예약 사례와 같은 상황을 원하지 않는다. 하지만 계획이 자신의 의도대로 흘러가지 않으면서 좌절을 맛보게 된다. 좌절을 느끼는 순간 자신을 되돌아보면서 문제 해결에 집중하기보다는 계획을 틀어지게 만든 상대에게 적대적인 반응을 보이기 쉽다. 특히, 문제를 해결할 방법을 찾을 수 없다는 생각이 들수록 좌절의 폭과 강도는 더 커진다.

자리 예약으로 인한 후유증은 또 다른 문제를 낳는다. 가족과 식사하는 동안에도 원하는 자리가 아닌 곳에서 밥 먹고 있는 자기 모습이 한심스럽게 여겨진다. 이런 생각은 음식을 먹는 동안 또 다른 비난거리를 찾게 되는데, 식당 직원이나 음식을 비난의 대상으로 삼을 가능성이 크다. '저렇게밖에 못하니 예약전화도 제대로 못 받지' 또는 '음식 맛이 이게 뭐야. 완전히 속았네'와 같은 말을 대화의 소재로 삼는다. 이렇게 되면 즐거워야 할 식사 자리가 가족 모두에게 괴로운 경험이 되는 것이다.

비난과 좌절의 악순환은 불행을 낳는다. 비난은 행복해야 할 가족 식사를 불편하게 만들고, 단란한 가족 관계를 해친다. 이런 악순환을 반복하지 않기 위해서는 좌절을 경험할 때 어떻게 반응하는지 인식할 필요가 있다. 좌절 상황에서의 반응은 자신뿐 아니라 주변 사람들에게도 큰 영향을 미치기 때문이다.

감정노동자도 좌절의 악순환을 경험한다. 감정노동자가 고객을 비난하더라도 변하는 건 아무것도 없고 좌절 경험만 쌓을 뿐이다. 감정노동자의 좌절 경험은 감정노동자가 고객을 만나기 어렵게 만드는 원인이 된다.

(3) 비난을 멈추면 다른 세상을 경험한다

예약이 잘못되어 문제가 된 식당의 경우를 보자. 이들 가족이 식당에 간 목적은 가족끼리 즐겁게 식사하는 것이다. 그런데 원하던 자리가 아니라는 이유로 가족과의 식사 시간이 즐겁기는커녕 괴로운 시간을 보내게 됐다. 이렇게 된 이유는 가족 식사의 목적을 잊었기 때문이다.

식사 장소는 즐거운 식사를 위한 보조 수단일 뿐이다. 방보다 시끄러운 장소에서 식사한다고 가족 사이의 친밀감이 떨어지지 않는다. 설사 예약에 문제가 있더라도 그 순간 '즐거운 식사를 하기 위해 무엇을 해야 할까?'라는 질문을 하고, 이 질문의 답을 찾기 위한 노력을 그만두어서는 안 된다.

가족과 즐거운 식사를 위해 선택 가능한 한 가지 방법은 식당에서 안내해준 자리로 가는 것이다. 직원이 마련해준 자리로 가면서도 원했던 장소가 아니기 때문에 마음이 불편할 것이다. 이런 불편함을 뒤로하고 '그래도 가족과 즐겁게 식사할 수 있어 다행이다'라고 생각하면 차츰 마음에 편안해지면서 음식 맛도 느낄 수 있게 된다.

비난을 멈추면 세상이 다르게 보인다. 식당에서 마련한 장소가 시끄러워 식사에 방해될 것이라고 지레짐작했지만, 오히려 주변 사람들의 목소리가 대화에 도움이 되는 경험을 할 수도 있다. 또한, 예약 실수가 있었다는 사실을 알게 된 직원들이 평소보다 많은 서비스를 제공하거나 가격을 할인해주는 경험은 덤일 수 있다.

감정노동자는 고객과 함께 다양한 경험을 공유한다. 감정노동자는 고객의 문제를 함께 해결하는 과정에서 어떤 태도를 보이느냐에 따라 경험의 종류도 달라진다. 이때 감정노동자의 선택 기준은 '나와 고객 모두에게 도움이 되는 방법은 무엇인가?'에 대한 대답이다. 고객에 대한 비난 대신 자신과 고객 모두에게 도움이 되는 방법을 찾는 과정에서 자신이 고객에게 얼마나 도움이 되는 사람인지를 알게 될 것이다.

4

감정노동자의 관심과 배려가
고객을 행복하게 만든다

모든 사람은 행복하기를 원한다. 감정노동자가 감정노동을 하는 이유도 삶을 좀 더 풍요롭고 행복하게 만들고 싶어서일 것이다. 하지만 매 순간 바쁘게 고객과 호흡을 함께하다 보면 피곤이 몰려오고 편안하게 커피 향을 즐길 시간조차 낼 수 없는 자신을 보면서 '지금이 가장 행복한 시간이다'라고 생각하기는 어려울 것이다.

감정노동자가 바쁘게 생활하다 보면 자신을 돌볼 여유가 없어진다. 이런 생활이 계속되면 몸은 피곤해지고, 가끔 자신에게 불만 섞인 표정으로 화를 내는 고객이라도 만나면 스트레스는 극에 달한다. 이럴 때는 '내가 이렇게까지 살아야 하나?'라는 의문이 들기도 한다.

이런 생각이 들 때 들리는 "감사합니다"라는 고객의 목소리는 감정노동자에게 한여름에 내리는 시원한 소나기와 같다. 감정노동자의 눈앞에 있는 고객은 하루에 만나는 수십 명 또는 수백 명 중의 한 사람이다. 하지만 고객은 자기 앞에 있는 감정노동자를 자기를 도와주는 중요한 사람이라고 여길 수도 있다. 그러므로 감정노동자는 자신을 원하는 고객을 제대로 돕기 위해서라도 즐겁고 행복해야 한다.

감정노동자가 행복하기 위해서는 먼저 불행하게 만드는 원인을 없앨 필요가 있다. 그중 하나가 고객을 향한 비난이다. 비난은 감정노동자를 불행에 빠뜨리는 가장 쉬운 방법의 하나다. 감정노동자가 비난 대신 감사한 마음을 가질 때 행복에 한 걸음 더 가까워질 수 있다.

고객이 감정노동자를 찾는 목적은 다양하다

몇 년 전 미국에서 '물 마시기 대회'에 참가했던 20대 여성이 숨진 사고가 있었다. 이 여성은 약 30만 원 정도 하는 게임기를 우승 상품으로 내건 이 대회에 참가했다가 목숨을 잃었다. 생수 한 컵 정도라면 수월하게 마시겠지만, 맥주도 아닌 생수를 짧은 시간 안에 많이 마시기는 정말 어렵다. 이 여성이 우승을 위해 무리한 이유는

'우승 상품인 게임기를 아이에게 주고 싶다'라는 목적 때문이었다.

이 대회의 많은 참가자는 이 여성과 다른 선택을 했다. 대부분 사람은 이 여성과 달리 자기 몸에 무리가 가지 않게 조절하면서 물을 마셨다. 또한, 물 마시기가 예상보다 힘들었던 사람은 중간에서 포기했다. 하지만 우승상품을 목적으로 한 참가자는 다른 사람보다 빨리 물을 마셔야 했으므로 무리할 수밖에 없었다. 이처럼 목적에 따라 행동이 달라지는 것이다.

고객의 모든 행동에는 목적이 있다. 고객이 시장에서 콩나물을 사면서 덤으로 더 달라고 하는 주된 이유는 경제적인 목적이다. 이렇게 가성비가 구매 조건인 고객은 가격이 구매 결정의 중요한 요인이다. 이런 사람과 달리 명품을 구매하는 사람은 가성비보다는 자기만족, 자기표현 또는 다른 사람과의 차별화가 목적일 수 있다. 명품을 다른 사람과 차별화할 방법이라고 생각하는 고객은 더 비싼 제품을 선호하는 경향이 있다. 이들은 물건을 구매하면서 할인해 달라는 소리는 좀처럼 하지 않는다. 고객의 입에서 '할인'이라는 소리가 나오는 순간 그 물건은 이미 명품으로서의 가치가 줄어든다고 생각하기 때문이다.

고객은 감정노동자의 역할을 빛나게 한다

많은 감정노동자는 '고객의 불만' 처리를 힘들어한다. 다음 대화는 TV에서 방영된 드라마의 한 장면으로 주인공인 고객이 백화점에서 산 옷을 반품하면서 직원과 나눈 대화다.

고객 : 이 사람들이 무슨 말을 해? 반품 기한이 지났다니…. 내가
　　　 이 옷을 불과 일주일 전에 샀는데 무슨 반품 기한이 지나?

직원 A : 이 옷은 세일 상품이라 반품 기한이 3일이에요.

직원 B : 손님, 이러시면 안 돼요. 이거 입으신 거잖아요?

고객 : (갑자기 목소리를 높여) 내가 언제 이 옷을 입었니?

직원 A : 저랑 엊그제 이 옷 입고 저쪽 숍에서 부딪혔잖아요.

고객 : 야, 니들 이거 안 바꿔? 소비자보호원에 고발해야 정신을
　　　 차리니?

[반품 후]

고객 : 지들이 날 이겨? 쥐가 고양이를 이기지.

감정노동자가 이런 일을 겪고 나면 자신과 자기 일에 회의를 느끼게 된다. '정말 더러워서…' 또는 '뭐 저런 인간이 다 있어?'와 같은 생각을 하면서 그동안 열심히 일했던 시간이 허무하게 느껴지기도 한다. 이런 상황을 겪은 사람은 누구나 자기 일에 대한 자부심은

사라지고 이 일을 선택한 자신을 원망하기도 한다. 자신과 고객을 비난하는 시간이 길어지면 마음이 울적해지면서 마음 한쪽에는 분노가 자리하게 된다.

감정노동자는 고객의 불만을 처리하는 동안 부정적인 경험을 하게 된다. 이때 감정노동자의 몸 안에는 고객이 버리고 간 감정의 찌꺼기가 쌓이게 된다. 이렇게 쌓인 감정의 찌꺼기는 감정노동자의 의지와 상관없이 고객에게도 전해진다. 감정노동자가 고객과 교류하는 과정에서 쌓인 감정은 그다음 고객에게로 옮겨지기 때문에 감정노동자는 고객을 만나는 동안 수시로 자신의 감정을 살필 필요가 있다.

(1) 감정노동자의 관심이 고객의 기분에 영향을 미친다

네티즌들이 맛집이라고 하는 음식점의 모습을 떠올려보자. 음식점에 들어서는 순간 당황스럽다. 좌석은 꽉 차 있고, 여기저기에서 종업원을 불러대면 종업원은 들어오는 고객에게 관심을 줄 여유가 없다. 고객은 종업원의 이런 모습을 보면서 '다시 나갈까?'라는 생각도 잠깐 들지만 '여기서 언제 또 밥을 먹을 수 있을까?'라는 생각에 밖으로 나가는 대신 순서를 기다리게 된다. 고객은 기다리라는 말만 하고 아무런 관심을 보이지 않는 종업원에게 서운함을 느끼게 된다. 종업원이 고객에게 관심을 보이지 않는 시간이 길어질수록 고객의 기분은 서운함에서 분노로 옮겨간다.

고객이 종업원의 무관심 속에서 오랫동안 서 있다가 겨우 자리를 잡는 순간 '드디어 맛있는 음식을 먹을 수 있겠다'라고 기대하면서 주문한다. 또다시 한참을 기다린 후 종업원이 음식을 식탁에 두기 시작하면 음식에 대한 고객의 기대는 가장 높아진다.

이처럼 고객의 기분은 음식과 종업원의 태도에 따라 달라진다. 음식 맛이 기대에 못 미치면 '누가 이 집을 맛집이라고 했어?' 또는 '이걸 먹으려고 그렇게 오래 기다렸다니…'와 같은 생각을 한다. 이때 고객은 종업원이 친절이라도 하면 덜 실망하지만, 종업원마저 불친절하다면 음식과 종업원의 태도 두 가지 모두에 실망하면서 '다시는 여기에 오지 않는다'라고 결심하면서 음식점을 나서게 된다.

종업원의 태도는 음식 맛에도 영향을 미친다. 고객이 음식점에 들어서는 순간부터 편안함을 느낄 수 있는 분위기를 조성하면 고객의 마음 또한 편안해진다. 하지만 종업원의 무관심이나 무뚝뚝한 태도는 고객에게 '내가 잘못 들어왔나?'라고 후회하게 만들면서 불쾌함과 불편함을 느끼게 한다. 고객이 이런 기분을 느끼게 되면 음식 맛을 제대로 즐기지 못하게 된다.

불쾌함과 불편함을 느낀 고객은 말과 행동이 거칠어진다. 고객의 이런 기분이 종업원에게 전달되면 종업원 또한 긴장하면서 스트레스를 받게 된다. 종업원의 스트레스는 다시 고객에게 전달되면서 고객도 스트레스를 받는 악순환이 시작된다.

감정노동자가 이런 상황을 피하기 위해서는 급할수록 돌아가라는 말처럼 여유를 가질 필요가 있다. 손님이 밀린다고 서두르다 보면 실수할 가능성이 커지거나 고객에게 소홀해질 수가 있다. 그러므로 감정노동자는 '마음은 여유롭게 행동은 민첩하게' 고객을 대할 필요가 있다.

(2) 감정노동자는 여유가 필요하다

앞에서 설명한 음식점의 경우를 보자. 종업원은 자신이 맞이해야 할 고객의 수가 많아지면 바빠지기 시작한다. 이런 상황에서 새로운 고객뿐 아니라 먼저 온 고객이 반찬을 보충해 달라거나 물을 더 달라고 재촉하면, 종업원이 처리할 수 있는 한계를 벗어나게 되면서 종업원은 상당한 압박을 받게 된다. 이런 상황이 되면 종업원은 고객을 고마운 존재가 아니라 자신을 괴롭히는 사람이라고 인식하게 된다. 언론에 '맛집의 불친절한 서비스'와 같은 기사가 보도되는 것도 이런 이유 때문이다.

마음에 여유가 없을수록 실수할 가능성이 커진다. 운동경기에서 지고 있는 팀은 경기 종료에 가까워질수록 실수가 잦아지는 모습을 흔히 볼 수 있다. 이런 모습을 보면서 해설자들은 "침착해야 한다"라고 한결같이 말하는데, 마음이 급해지면 스트레스 상태가 되면서 침착하게 행동하기 어렵다. 이런 상태에서는 능력을 온전히 발휘하기 어렵게 되고, 실수가 잦아지면서 오히려 상대 팀에 도움을 주는 결과가 된다. 따라서 어려운 상황일수록 침착하고 냉정함을 유지해야 그 상황을 빨리 벗어날 수 있다.

감정노동자는 어떤 상황에서도 여유를 찾아야 한다. 식당에 찾아온 고객의 목적은 '식사'다. 고객이 맛집을 찾았다는 의미는 기다려야 한다는 사실을 알고 왔다는 것이다. 맛집인 줄 모르고 온 고객은 자신이 기다릴 수 있는 시간의 범위를 넘어선다는 생각이 들면 다른 식당으로 갈 것이다. 따라서 감정노동자는 기다리는 고객이 많더라도 스스로 급해지는 마음을 다스리면서 최대한 차분하고 여유롭게 고객을 응대할 필요가 있다.

(3) 고객을 반가운 마음으로 맞이하라

감정노동자의 역할은 '상품의 가치를 높이는 것'이다. 아무리 소문난 맛집이라도 종업원의 태도가 나쁘면 음식에 대한 고객의 만족도도 함께 떨어진다. 반대로 음식 맛이 조금 떨어지더라도 고객에게 정성이 가득 담긴 서비스를 제공한다면 부족한 음식 맛을 일정 부분 메꿀 수 있다.

감정노동자가 고객에게 보내는 태도는 상품의 가치와 연결된다. 명품매장의 직원 모습과 식당의 종업원 모습을 비교하면 쉽게 이해할 수 있다. 고객은 명품매장의 직원이 식당 종업원처럼 행동한다면 그 매장에서 파는 제품의 가치를 높게 평가하지 않을 가능성이 크다.

감정노동자의 서비스는 상품 가격에 포함되어 있다. 고객에게 제공하는 서비스 비용은 저렴한 상품에도 포함되어 있어 상품의 가격에 따라 고객에게 제공되는 서비스의 질이 달라야 하지만, 고객은 상품 가격에 따른 서비스의 차이를 이해하지 않고 항상 최고의 서비스를 원한다. 이것이 고객 불만의 원인이 될 수도 있다.

고객이 산 상품 가격에는 감정노동자의 기분도 포함되어 있다. 고객이 상품을 사는 목적은 다양하지만, 불편함을 느끼려는 목적은 없다. 감정노동자가 고객을 불편하게 느끼면 그 기분이 고스란히 고객에게 전달된다. 고객이 감정노동자로부터 불편함을 느끼게 되면 상품 구매를 망설일 뿐 아니라 구매한 상품에 대한 불만도 높아질 수 있다. 감정노동자의 밝은 미소가 고객의 상품 구매에 영향을 미치는 것은 확실하다.

감정노동자는 고객이 편안하고 즐거운 마음으로 상품을 살 수 있도록 분위기를 조성해야 한다. 이를 위해 감정노동자는 어떤 상황에서도 고객을 반갑게 맞이해야 한다.

(4) 고객은 주인공이다

고객이 감정노동자를 존재하게 만든다. 감정노동자가 피곤하거나 바쁘다는 이유로 고객에게 따뜻한 관심을 건네지 못한다면 그때부터 고객은 더 이상 주인공이 아니다. 고객이 감정노동자의 눈치를 보게 되는 것이다.

아주 바쁜 식당의 경우를 보자. 식당 직원은 고객이 맛있고 편안하게 식사를 할 수 있도록 돕는 사람이다. 이런 직원이 너무 바빠 고객이 부르더라도 제때 얼굴을 보이지 않으면 고객은 '음식을 추가로 주문하는 게 직원을 괴롭히는 거네'라고 생각하면서 음식 주문을 포기하기도 한다. 이런 상황은 고객이 직원의 눈치를 보게 만드는 대표적인 사례다.

직원이 바쁜 이유도 고객이 있기 때문이다. 감정노동자 중에는 고객이 많아지면 마음속으로 '또 왔어?'라며 고객을 귀찮아하는 사람이 있다. 만약 고객이 자신을 찾아오지 않는다면 어떤 상황이 될까? 아마도 자신을 지나치는 고객을 간절한 눈빛으로 바라보면서 '제발 저를 찾아주세요'라고 마음속으로 외칠 가능성이 크다.

고객이 즐거울 때 구매 가능성도 커진다. 고객에 대한 감정노동자의 따뜻한 관심은 고객의 구매력을 높여 감정노동자에게도 도움이 된다. 따라서 감정노동자가 고객에게 보내는 즐거운 기분이 고객의 구매를 높이고, 이는 감정노동자가 자신의 역할에 대해 보람과 자신감을 느끼게 만든다.

3장

감정노동의 출발은
고객과의 소통이다

1

감정노동자의 모든 말이
고객에게 전달되지는 않는다

감정노동자에게 요구되는 가장 중요한 능력은 고객과의 소통이다. 만약 감정노동자가 소통 능력이 떨어져 고객의 마음을 알지 못한다면 어떤 일이 일어날지 누구나 예측할 수 있다. 감정노동자가 고객과 소통하지 못하면 자기 역할을 제대로 할 수 없다. 따라서 감정노동자는 고객과의 소통 능력 향상에 노력해야 한다.

감정노동자가 고객과 만나는 짧은 시간 동안 고객의 의사 결정이 이뤄지기 때문에 고객과의 소통 능력은 굉장히 중요하다. 특히 고객의 불만 사항을 처리하는 담당자에게는 고객과의 소통 능력이 더욱 중요하다.

실제로 경험한 일부 감정노동자는 로봇과 대화한다는 생각이 들 정도로 고객의 말에 기계적으로 반응하고 있었다. 이런 대화 방법은 친절하다는 인식을 고객에게 줄 수는 있어도 고객의 마음을 움직이지는 못할 가능성이 크다.

대화 불통이 발생하는 이유는 무엇일까?

책, 영화 또는 재미난 사건을 친구에게 전달할 때를 떠올려보자. 책이나 영화의 내용을 친구에게 설명한다면 시간이 얼마나 필요할까? 아마도 길어야 10분 내외일 것이다. 영화의 실제 상영시간이 두 시간 정도라고 한다면 100분 이상의 내용이 친구에게 전달되지 않고 생략됐다. 책도 마찬가지로 며칠 동안 공들여 읽은 내용을 10분 정도로 요약하게 되면 많은 부분이 친구에게 전달되지 못한다. 이런 상황은 우리가 일상에서 대화할 때도 빈번하게 발생한다.

친구와 대화할 때 모든 경험이나 내용을 있는 그대로 전달하기보다는 자기 생각에 재미난 부분이나 감명 깊었던 내용을 골라 설명하게 된다. 이럴 때 설명할 내용을 선택하는 기준은 친구가 아니라 오롯이 자신의 판단 기준에 따르게 된다. 같은 책을 읽거나 영화를 보더라도 서로 다른 평가를 하는 이유도 여기에 있다. 이렇게 자신의 기준에 따라 정리한 내용을 친구에게 전달하는 경우 소통에서 다음과 같은 문제가 발생할 수 있다.

(1) 정보가 생략된다

경험이나 지식과 같은 정보를 다른 사람에게 전달할 때 말로 하는 경우가 대부분이다. 상대에게 정보를 전하기 전 스스로 판단해 전달할 만한 가치가 있다고 판단되는 내용을 정하고, 그 부분만을 상대에게 알려주면서 상대에게 필요한 정보 중 일부가 생략될 수 있다. 이처럼 소통하는 과정에서 여러 이유로 서로에게 필요한 정보가 생략되면서 업무에 지장을 주거나 고객과의 관계에 부정적인 영향을 미치기도 한다.

정보는 다음과 같은 이유로 생략된다. 자신에게 어떤 상황이 발생하면 그 정보가 오감(시각, 청각, 촉각, 미각, 후각)을 통해 뇌에 전달된다. 뇌는 정보를 전달받으면 그 상황을 이해하고, 자신에게 미칠 영향에 대해 해석하고 평가하게 된다. 이때 자신에게 미칠 영향이 크다고 판단되면 뇌에 기억되면서 행동으로 나타나지만, 중요하지 않다고 판단되면 별다른 반응을 하지 않게 된다. 이런 상황은 사진사가 많은 사진을 촬영한 다음 작품이 될 만하다고 판단되는 사진은 저장하지만 그렇지 못한 사진은 없애버리는 것과 같다.

(2) 사람마다 다르게 이해한다

여러 사람이 모여 다음의 내용에 그림을 그려보자.

바닷가 백사장 가운데로 작은 강이 흐르고 있다. 그 강 옆에는 큰 바위 두 개가 나란히 있고, 그 옆에 두 사람이 서 있다.

사람들이 그린 그림을 비교하면 전부 다를 것이다. 그림을 그리기 위해서는 자신의 기억 속에 있는 백사장, 강, 바위와 사람을 떠올리면서 그림을 그린다. 이때 사람마다 기억하는 백사장, 강, 바위와 사람의 모습이 달라서 다른 그림을 그리기 때문이다.

대화도 그림을 그리는 과정과 같다. 무용하는 사람이 무대에서 장미를 표현하더라도 관객은 무용수의 표현을 장미가 아니라 백합으로 받아들일 수도 있다. 보는 사람마다 자기 경험이나 판단에 따라 각기 다르게 이해하게 되는 것이다. 이처럼 말하는 사람이 말을 하면 듣는 사람은 자신이 경험한 이미지를 떠올리면서 이해하기 때문에 말하는 사람의 의도가 듣는 사람에게 정확하게 전달되지 못한다.

(3) 사람마다 판단의 잣대가 다르다

사건의 중요성을 판단하는 기준은 역할, 경험이나 가치관에 따라 결정된다. 이로 인해 사건을 판단하는 기준은 사람마다 다르다. A라는 사람이 중요하다고 생각하는 사건을 B는 대수롭지 않게 여길 수도 있고, 그 반대인 경우가 일어나는 이유도 여기에 있다.

이런 상황은 고객과 대화할 때 수시로 발생한다. 가전제품 판매점 직원이 고객과 상품에 관해 대화할 때 직원은 나름대로 고객에게 가장 적합하다고 생각되는 제품을 추천하지만, 고객은 직원의 기대와 다른 반응을 하는 경우가 많다. 그 이유는 고객이 상품을 선택하는 기준과 직원의 추천 기준이 다르기 때문이다. 또한, 고객은 직원과의 대화 과정에서 오간 수많은 정보 중에서 자신에게 불리한 내용은 기억하지 못하고 유리한 내용만 기억하는 경향이 있다. 고객이나 직원이 자신에게 필요한 정보만을 선택해 기억하면 나중에 불만이나 다툼이 발생했을 때 서로에게 유리한 정보만을 가지고 대화를 하게 되고 상황이 점점 더 악화되면서 해결 또한 어려워질 수 있다.

같은 경험을 하더라도 사람마다 다르게 받아들인다. 찡그린 얼굴로 매장에 들어오는 고객을 본 직원은 다양한 반응을 보인다. '무엇이(누가) 고객을 저렇게 만들었지?'라고 궁금해하면서 고객에게 먼저 다가가는 직원도 있겠지만 대부분은 '혹시 나 때문인가?'라고 생각하면서 고객에게 다가서기보다는 먼저 자신의 기억을 더듬게 된다. 시간이 지난 다음 고객으로부터 "매장에 들어오기 직전에 구두 굽이 맨홀 뚜껑에 끼여 당황했다"라는 말을 들으면서 자신의 추측이 완전히 빗나갔음을 알고 멋쩍게 웃기도 한다.

감정노동자가 찡그린 고객을 피하는 이유는 무엇일까? 그 이유는 감정노동자의 경험에 있다. 얼굴을 찡그리면서 매장에 들어온 사람 대부분은 자신에게 불만을 털어놓았던 기억 때문이다. 이처럼 감정노동자의 부정 경험이 자신의 눈앞에 있는 고객과의 만남을 소극적으로 반응하게 했다.

감정노동자는 어떤 사건을 있는 그대로 보지 않고 주관적으로 판단한다. 이로 인해 고객과의 소통이 단절된다. 감정노동자가 고객과의 대화에서 이런 문제를 방지하려면 고객의 의도를 정확하게 이해하고, 자신의 주관적 판단을 배제한 상태에서 고객이 원하는 내용을 설명할 필요가 있다. 다음과 같은 문장을 사용하면 고객의 의도를 이해하는 데 도움이 될 수 있다.

- "고객님께서 지금까지 말씀하신 내용을 요약하면 ……라고 생각합니다. 제가 제대로 이해한 것인가요?"
- "고객님이 원하시는 것은 △△ 종류의 제품인가요?"
- "고객님이 전에 사용한 제품에서 불편했던 점은 무엇인가요?"

(4) 잣대의 차이가 오해를 불러일으킨다

다음의 그림에서 무엇이 보이는가? 트로피가 보이기도 하고 두 사람이 서로 마주 보고 있는 것으로 보이기도 한다.

같은 그림인데도 이런 차이가 보이는 이유는 무엇일까? 사람은 사건이나 사물을 있는 그대로 보지 않고 자기 잣대로 사물을 보기

에 같은 그림을 보더라도 사람마다 다르게 인식한다. 사람마다 성장 환경, 경험, 교육 수준 등이 모두 다르기 때문이다.

이런 차이는 사람마다 다른 잣대를 갖게 만든다. 신념이나 가치관 같은 잣대의 차이는 같은 사건이나 사물을 보더라도 다르게 받아들이게 만든다. 같은 사건이나 사물에 대해서 사람마다 자기 나름대로 이해하고 판단하는 셈이다. 이렇게 사람마다 자신만의 잣대를 가지고 있어 자신도 인식하지 못하는 사이에 사물을 왜곡해서 바라보게 된다.

(5) 선입견이 왜곡을 만든다

감정노동자는 고객의 반응을 굉장히 중요하게 여긴다. 감정노동자가 열심히 설명하고 있는데 고객이 다른 곳을 쳐다보고 있거나 반응이 없으면 감정노동자는 '고객이 이 제품에 관심이 없구나' 또는 '내 설명이 마음에 들지 않구나'라고 판단한다. 하지만 감정노동자는 금방 자신의 판단이 잘못됐다고 깨닫는다.

감정노동자의 말에 그다지 관심을 기울이지 않아 보이던 고객이 상품을 구매하기도 하고, 자기 말에 많은 관심을 보였지만 상품을 구매하지 않고 그냥 나가는 고객도 있다. 이처럼 감정노동자가 고객의 실제 마음이 아니라 겉으로 드러나는 행동에 반응하는 이유는 '고객의 반응을 자신에 대한 평가'라고 받아들이기 때문이다.

모든 사람에게는 자기 나름의 잣대가 있다. 감정노동자가 고객의 이런 잣대를 제대로 인식하지 못하고 자신의 잣대로 고객을 대하면 고객의 생각을 온전히 이해하지 못하게 된다. 이 결과 감정노동자는 고객의 니즈를 이해하지 못하게 되고, 고객은 감정노동자에 대한 만족도가 떨어지면서 불편함까지도 느끼게 되는 것이다.

대화 불통을 방지하는 방법은 무엇인가?

감정노동자가 고객과 소통하는 과정에서 정보의 생략과 왜곡이 발생한다. 감정노동자의 의도가 고객에게 잘못 전해지는 '왜곡'이 생기고 감정노동자의 의도 중 일부만 고객에게 전달되고 나머지는 '생략'되기도 한다. 이렇게 왜곡되거나 생략된 표현으로 인해 감정노동자의 의도가 고객에게 제대로 전달되지 않는다.

말하는 사람의 의도가 왜곡이나 생략으로 인해 듣는 사람에게 제대로 전달되지 않으면 듣는 사람은 자신의 지식이나 경험을 바탕으로 말하는 사람의 의도나 내용을 추측하게 된다. 이것은 말하는 사람과 듣는 사람이 서로 다른 방향을 보고 대화하는 것과 같다. 이런 상황은 감정노동자와 고객이 대화하는 과정에서 수시로 일어난다.

감정노동자는 고객과 대화할 때 왜곡과 생략이 일어나는지 확인할 필요가 있다. 고객과의 소통 여부를 확인하는 방법은 간단하다. 감정노동자는 고객과 대화하면서 경청과 질문 그리고 요약을 통해 자신이 고객의 의도를 제대로 이해하는지 확인하면 된다. 감정노동자는 고객과 대화를 시작하면 '고객이 진짜 원하는 것은 무엇일까?'와 '내가 고객의 의도를 제대로 이해하고 있는가?'라는 질문을 자신에게 던지면서 대화하면 된다. 감정노동자가 자신에게 이런 질문을 하면서 고객과 대화한다면 대화 과정에서 일어날 수 있는 정보의 생략이나 왜곡을 줄일 수 있을 것이다.

감정노동자가 자신의 역할을 적절하게 수행하기 위해서는 언제든지 자기 생각을 고객에게 제대로 전달하고, 고객의 의도를 정확하게 파악할 수 있어야 한다. 이를 위해 감정노동자는 '나는 소통 능력이 뛰어난 사람이다'라는 생각을 버려야 한다. 감정노동자 스스로 소통 능력이 뛰어나다고 착각하면 고객과의 대화에 소홀해질 수도 있고, 효과가 높은 소통 방법을 배우고 익히는 노력이 부족해지기 쉽기 때문이다.

2

고객은 믿는 사람에게
마음의 문을 연다

'신뢰'는 자신의 마음 깊숙한 곳에서 상대방을 이해하고 믿으며, 편안하고 즐거운 분위기를 느끼는 상태를 의미한다. 한마디로 상대의 말이나 행동에 대해 의심하지 않고 믿는 상태를 의미한다.

신뢰는 의사소통을 위한 가장 중요한 기반이다. 백화점에서 판매하고 있는 상품을 지하철에서 판다면 어떻게 될까? 고객은 '백화점에서 판매되는 상품은 품질이 좋다'라는 믿음이 있지만, '지하철에서 파는 물건은 조악하다'라는 믿음이 강해 자신에게 필요한 상품이라는 생각이 들더라도 구매를 망설인다. 이처럼 상품과 상품 판매처에 대한 신뢰는 구매에 결정적인 영향을 미친다.

신뢰는 대화에도 영향을 미친다. 상대가 아무리 듣기 좋은 말을 하더라도 말하는 사람에 대한 신뢰가 부족하면 그 사람의 말에 귀를 기울이지 않는다. 따라서 감정노동자가 고객과 제대로 된 소통을 하기 위해서는 고객의 신뢰를 얻는 노력이 가장 중요하다.

전달되는 말, 전달되지 않는 말

감정노동자와 고객은 '말'로 소통한다. 감정노동자와 고객 사이에는 서로의 생각을 주고받는 '전달 통로'가 있다. 감정노동자나 고객의 말이 전달 통로를 통과하면 서로의 마음에 다다르지만, 그렇지 못하면 중간에서 사라지거나 왜곡된 채 상대에게 전달된다.

감정노동자와 고객 사이의 '관계'가 전달 통로에 영향을 미친다. 낮에 길을 가는데 모르는 사람이 다가와 "잠깐만요…"라고 말을 걸면 일단 긴장한 채 상대를 살피게 된다. 상대를 탐색한 다음 자신에게 별다른 위험이 없겠다는 판단이 서면 걸음을 멈추고 상대와 대화할 준비를 한다. 밤에는 낮과 다른 상황이 된다. 낮에는 상대의 얼굴을 보면서 위험 여부를 판단할 수 있지만, 어두운 밤에는 그런 기회가 주어지지 않기 때문에 상대와의 대화 기회가 줄어든다. 이와는 달리 늦은 밤이라도 자신이 믿을 수 있다고 생각하는 사람이라면 가던 길을 멈추고 대화를 위해 그 사람을 기다린다. 이처럼 상대에 대한 신뢰 여부는 전달 통로에 영향을 미친다.

감정노동자와 고객 사이에는 보이지 않는 벽이 있다. 감정노동자가 고객의 신뢰를 얻는 순간 고객은 마음의 벽을 허물고 감정노동자의 말을 가슴으로 듣게 된다. 반면, 감정노동자가 고객의 신뢰를 얻지 못하면 고객은 마음의 벽을 더욱 높이 쌓으면서 감정노동자의 말에 관심을 두지 않게 된다. 그러므로 감정노동자가 고객에게 정보를 전달하기 위해서는 마음의 벽을 허물기 위한 노력에 관심을 기울여야 한다. 이것이 고객과 진정한 대화를 위한 첫걸음이다.

공통점은 친근함을 느끼게 만든다

미국 공항에서 출국 수속을 위해 줄을 서서 기다리면서 낯선 환경에서 두려움을 느끼고 있다. 이때 줄 뒤쪽에서 갑자기 익숙한 말소리가 들려 돌아보니 한국인 몇 명이 대화를 나누고 있었다. 근처에 한국인이 있다는 생각이 들자 마음이 편안해지면서 안심이 됐다.

무사히 업무를 마치고 인천 공항에서 짐을 찾기 위해 기다리고 있는데 누군가 큰 소리로 대화하는 소리가 들렸다. '누가 저렇게 시끄럽게 떠드는 거야?'라고 생각하면서 주변을 둘러보니 공교롭게도 자신이 뉴욕 공항에서 만났던 사람들이었다.

　미국에서 처음 만난 사람에게 친근감을 느낀 이유는 '우리말'이라는 공통점이 있었기 때문이다. 낯선 미국 공항에서 들려온 우리말은 듣는 사람에게 '나는 혼자가 아니다'와 '어려울 때 도움받을 수 있겠다'라는 생각으로 안도감을 느끼게 만드는 공통점으로 작용했다. 하지만 인천 공항에 도착하는 순간 '우리말'은 더 이상 특별한 공통점이 아니다. 이런 이유로 미국에서 반갑고 친근하게 들렸던 소리가 한국에서는 '소음'으로 들린 것이다.

　공통점이 많을수록 빨리 친해질 가능성이 커진다. 감정노동자와 고객의 고향이 같다면 고향을 소재로 대화를 나누면 고향이 다른 사람보다는 대화가 수월한 것처럼 고객과의 만남에서 공통점은 마음의 거리를 좁혀주는 실마리가 된다.

　이처럼 상대와의 공통점은 마음의 거리를 줄여주는 중요한 역할을 하는데, 대표적인 공통점으로는 '학연', '지연'과 '혈연'이 있다. 학연, 지연과 혈연은 눈에 보이지 않지만, 서로에게 영향력이 강한 중요한 공통점이다. 이렇게 상대와 공통점이 있다는 사실을 인식하는 순간이 상대에게 친근감을 느끼는 출발점이 된다.

신뢰 형성의 출발은 공통점 발견이다

감정노동자는 고객과의 공통점을 발견하기 위해 자신의 감각 기관을 총동원해야 한다. 감정노동자가 고객과의 공통점을 발견하기 어려운 이유는 고객의 내면이 아니라 겉으로 드러난 모습이나 행동에만 의존하는 경우가 많기 때문이다.

감정노동자가 고객의 말과 행동에 집중할수록 고객의 다양한 모습을 찾을 수 있다. 고객과 대화하면서 검소한 차림의 사람이 엄청난 부자라는 것을 알 수도 있고, 친구가 많아 보이는 사람이 실은 의지할 사람이 없어 외롭다는 등 겉모습과 다른 사실을 알게 되는 경우도 많다. 감정노동자가 고객을 제대로 이해하려면 감정노동자는 오감을 동원해 고객을 관찰하면 고객의 실제 모습을 파악하는 데 도움이 된다.

감정노동자는 고객과의 공통점을 알아차리게 되면 고객에게 '당신과는 이런 공통점이 있다'라는 사실을 알릴 필요가 있다. 의사소통에는 말로 하는 언어적 소통과 손짓 또는 몸짓과 같은 비언어적 소통이 있는데, 감정노동자는 두 가지 소통 방법을 모두 동원해 고객에게 자신이 발견한 내용을 전달할 필요가 있다. 이렇게 소통하면 고객과 충분한 공감대를 형성하게 되면서 고객은 서서히 마음의 문을 열게 된다. 감정노동자와 고객이 이것을 느끼게 될 때 두 사람 사이에는 신뢰가 형성되기 시작한다.

안전함과 편안함을 느낄 때 믿음이 생긴다

　동네에 새로운 음식점이 개업한다는 소식을 듣고 들어갔다. 문을 여는 순간 몸에 호랑이 문신을 한 사람이 자신을 맞이했다. 그 모습을 보는 순간 다시 나가고 싶었지만, 주인이 들어오라고 손짓을 해 어쩔 수 없이 자리에 앉아 음식을 주문하고, 음식이 나오기를 기다리고 있었다.

　이런 상황에 부닥치면 음식을 기다리는 것보다 도망가고 싶다는 생각이 먼저 들 것이다. 식당을 찾은 손님이 주인을 보면서 나가고 싶어 한 이유는 호랑이 문신 때문이다. 우리가 드라마에서 본 호랑이 문신을 한 사람의 역할은 대부분이 폭력배였다. 고객은 이런 편견으로 인해 호랑이 문신을 한 주인을 보면서 불안함을 느낀 것이다.

　새로 개업한 식당에 가는 것처럼 낯선 곳에서는 안전에 대한 두려움과 익숙하지 않은 곳에 대해 불편함을 느껴 본능적으로 그곳을 빨리 벗어나려고 한다. 새로 개업한 낯선 식당보다 익숙한 식당을 찾는 이유도 여기에 있다.

　불안한 마음으로 기다린 끝에 음식이 나왔다. 주인은 호랑이 문신을 가리키면서 "음식을 하다 화상을 입어 화상 부위를 가리기 위해 문신을 했다"라고 말하면서 문신 때문에 오해하시는 손님들이 많다고 설명하는 것이었다.

손님은 주인의 호랑이 문신을 보면서 불안감을 느꼈다. 고객은 불안하고 마음이 편하지 않으면 식당을 빨리 나갈 생각만 한다. 이때 주인이 손님에게 문신한 이유를 설명함으로써 고객을 안심시켰고, 편안하게 음식을 먹을 수 있도록 분위기를 만들었다.

식당에서 메뉴판을 손님이 잘 볼 수 있는 곳에 배치하는 이유도 고객의 불안감을 해소하기 위함이다. 메뉴판에 가격이 정해져 있지 않으면 손님은 주인에게 가격이 얼마인지 묻는 대신 가격이 확실하게 적힌 메뉴를 선택하려고 한다. 이렇게 하는 이유에는 여러 가지가 있지만, 비싼 가격에 대한 두려움 때문이다.

고객과의 관계도 마찬가지다. 고객은 자신의 안전을 위해 익숙하지 않은 장소나 낯선 사람을 경계한다. 이런 이유로 고객 대부분은 처음 만나는 감정노동자와는 어느 정도 심리적 거리를 유지하려고 한다. 고객이 감정노동자를 여러 번 만나면서 편안함을 느끼기 시작하면 고객은 경계심을 풀고 감정노동자를 마음으로 받아들일 준비를 한다. 고객이 스스로 마음속 경계를 허무는 순간부터 고객과 감정노동자는 제대로 된 대화를 시작할 수 있게 되는 것이다.

3

긍정적인 표현은 고객과
신뢰 관계를 만드는 핵심 포인트다

　상대와 대화할 때 대화 내용에 집중하는 것처럼 보이지만 실제로는 상대의 제스처나 말투 등에 더 많은 영향을 받는다. 취업 원서를 넣은 회사로부터 합격했다는 전화를 받았다. 합격했다는 소식을 듣자마자 소식을 기다리던 부모님께 전화했다. 이때 합격 소식을 전하는 사람의 목소리는 커지고 말투도 빨라진다. 또한, 부모님이 앞에 계신 것처럼 제스처를 쓰면서 전화를 할 것이다.

　미국의 심리학자 앨버트 메라비언(Albert Mehrabian) 교수는 듣는 사람이 말하는 사람으로부터 받는 영향은 시각이 55%, 청각이 38%, 언어가 7%에 이른다고 주장했다. 시각 이미지는 자세, 용모, 복장이나 제스처 등 외적으로 보이는 모습이며, 청각 이미지는 목소리의 톤이나 음색과 같은 언어의 품질이며, 언어 이미지는 말의 내용을 의미한다. 이 이론에 따르면, 대화에서 상대방에 대한 호감 또는 비호감을 느끼는 이유로 상대방이 하는 말의 내용이 차지하는 비중은 7%로 그 영향이 미미하다. 하지만 말을 할 때의 태도나 목소리 등 말의 내용과 직접 관계가 없는 요소는 93%를 차지해 상대방으로부터 받는 이미지를 좌우한다고 한다.

고객의 마음을 공유할 때 친근함을 느낀다

중요한 약속이 있어 택시를 탔다. 정해진 시간에 늦지 않으려고 택시에 탔는데 그날따라 택시 기사가 아주 천천히 택시를 운전한다면 어떤 기분이 드는가? 시간 여유가 많을 때라면 택시 기사가 안전 운전을 한다고 생각하겠지만, 시간에 쫓길 때는 속도를 높여주기를 바란다. 반대로 목적지에 편안하게 가기 위해 택시를 탔지만 택시 기사가 속도를 높여 운전하는 경우는 어떤가? 택시 기사에게 감사한 마음을 갖기는 어려울 것이다.

아이의 생일 선물로 평소 아이가 가지고 싶어 하는 장난감을 사려고 하는데 점원이 "재고가 없어 지금 주문하더라도 일주일 정도 후에나 살 수 있습니다"라고 말했다. 이때 고객이 점원에게 다른 방법을 찾아달라고 계속 간절하게 부탁했을 때 점원이 무심한 목소리로 "기다리는 것 외에 방법이 없습니다"라고 대답할 때와 점원이 고객의 마음을 헤아리면서 "저도 최선을 다해 노력해보겠습니다"라고 말하는 경우 고객은 그 차이를 분명히 느낄 수 있을 것이다.

친구와 대화할 때도 마찬가지다. 대화에 몰입하면 자신도 모르게 친구와 자세, 말투와 제스처 등이 비슷해지는 모습을 볼 수 있다. 이처럼 상대와 행동과 감정의 유사함을 공유할 때 친근함을 느끼게 된다.

긍정적인 표현은 고객에게 영향을 미친다

사람은 어떤 말을 들으면 그 말과 관련된 경험을 떠올린다. 이런 특성을 이용해 감성을 자극하는 대표 사례가 영화다. 식인 상어를 소재로 한 가장 유명한 영화인 〈조스〉에서는 상어가 사람의 다리를 물어뜯는 장면을 먼저 보여준 후 사람들 뒤로 상어 꼬리가 다가오는 모습을 배경음악과 함께 보여준다.

이 장면을 보는 관객은 영화 속 인물이 자신의 목소리를 듣지 못한다는 사실을 알면서도 다급하게 '빨리 도망쳐!'라고 마음속으로 외친다.

특히 빠른 박자의 음악을 사용해 듣는 사람의 호흡과 맥박이 빨라지게 만드는데, 이런 상태에서는 상황을 이성적이고 합리적으로 파악하기가 어렵다. 그래서 실제 상황이 아니지만, 영화의 주인공과 비슷한 같은 흥분과 공포를 느끼는 것이다.

어떤 소리를 들으면 그 소리와 관련된 이미지가 떠오른다. 기억은 그 소리에서 연상되는 감정과 연결된다. 만약 영화 〈조스〉에서 상어가 나타나는 장면에서 배경음악 소리를 제거하면 공포감은 훨씬 줄어들 것이다.

자기 계발과 관련된 거의 모든 책에서 '행복을 느끼고 싶으면 의식적으로 긍정적인 말을 하라'고 강조한다. 그 이유는 긍정적인 말이나 단어를 사용하면 그 말에 해당하는 이미지를 탐색하고, 그에 따른 감정을 느낄 수 있기 때문이다. 반대로 '바보', '멍청이' 또는 '나쁜 인간'과 같은 부정적인 말이나 단어를 듣거나 말하면 자신도 모르게 부정적인 이미지가 떠오르면서 말한 사람에게 적대감을 느끼게 된다.

감정노동자는 사용하는 문장이나 단어의 선택에 주의할 필요가 있다. 감정노동자가 사용하는 문장이나 단어는 고객에게도 영향을 미치지만, 자신에게도 영향을 미치기 때문이다.

긍정적인 표현은 자신에게도 영향을 미친다

감정노동자에게 긍정적인 문장이나 단어의 사용은 중요하다. 감정노동자가 부정적인 문장이나 단어를 사용하면 스스로 그 말의 영향을 받으면서 에너지가 고갈되거나 적대감을 느끼면서 고객과의 만남에 부정적인 영향을 미칠 수 있다. 특히 감정노동자는 불만을 큰 목소리로 말하는 고객을 마주하면 본능적으로 도망치고 싶다는 생각이 들기 때문이다.

고객과 즐겁게 만나기 위해서는 긍정의 에너지가 지속해서 공급되어야 한다. 이를 위해 감정노동자가 하지 말아야 할 것은 '비난'이다. 감정노동자가 자신이나 고객을 비난하는 순간 친절한 마음은 사라지고, 상대를 향한 적개심이 그 자리를 대신하기 때문에 자기 역할을 제대로 수행하기가 어려워진다. 그러므로 감정노동자는 지치고 힘들 때일수록 자신을 격려하면서 즐거운 기분을 느낄 필요가 있다.

4

감정노동자의 대응 방법이
고객과의 관계에 영향을 미친다

감정노동자가 고객에게 인사를 했는데 고객이 감정노동자의 인사에 반응하지 않으면 감정노동자는 '내가 무슨 실수를 했나?' 또는 '나를 무시하네'와 같은 추측을 하게 된다. 이처럼 감정노동자는 고객의 반응에 대해 자기 나름대로 추측하면서 행동하게 된다.

감정노동자가 추측하는 대상은 고객의 행동이다. 문제는 부정 편향으로 인해 감정노동자의 추측이 계속될수록 긍정적인 추측보다는 고객과의 관계에 부정적인 영향을 미칠 수 있는 부정적인 추측들이 많을 수 있다는 것이다.

감정노동자의 추측에 따른 두 가지 반응

"이런 사람들의 모임은 가게 매출에 도움이 되지 않아."

"손님이 제품을 자세하게 살피는 것을 보니 우리 제품에 관심이 많구나."

감정노동자의 이런 추측들은 고객과의 관계에 영향을 미친다. 감정노동자는 고객을 만나는 동안 고객의 행동에 대해 자기 나름대로 지레짐작하는 경우가 있다. 감정노동자의 이런 일방적인 추측은 고객과의 관계에 부정적인 영향을 미쳐 업무에 지장을 초래할 가능성이 크다.

고객에 대한 감정노동자의 추측은 두 가지 형태의 반응으로 나타난다. 감정노동자가 첫 번째 문장처럼 고객의 모임이 매출에 도움이 되지 않을 것이라고 부정적으로 추측하면 고객에게 정성을 다해 서비스를 제공하지 않을 가능성이 크다. 반면, 두 번째 문장과 같이 감정노동자가 고객의 행동을 보면서 제품을 구매하기 위한 행동이라고 긍정적으로 추측하면 감정노동자는 정성껏 고객을 대하게 되고, 고객은 감정노동자에게 호감을 느끼면서 감정노동자가 원하는 방향으로 행동할 가능성이 있다.

감정노동자가 고객을 어떻게 추측하느냐에 따라 감정노동자는 두 가지 반응을 하게 된다. 처음 문장처럼 고객에 대해 부정적으로 추측하면 반사적 반응을, 두 번째 문장처럼 긍정적으로 추측하면 의식적 반응을 하게 된다. 감정노동자가 반사적 반응을 하면 반드시 상대 또는 자신에 대한 비난으로 이어지지만, 의식적 반응을 하게 되면 비난과 같은 부정적인 영향이나 결과 대신 잠재적인 고객 확보나 고객과의 관계 향상과 같은 긍정적인 영향이나 결과를 얻을 가능성이 커진다.

의식적 반응은 감정노동자를 보호하고 발전시키면서 주변 사람들과의 관계를 돈독히 만들 수 있는 가장 손쉬운 방법이다. 고객이 음식이 늦게 나왔다고 불만을 터뜨렸다고 하자. 누구나 그 순간이 편안하지는 않을 것이다. 하지만 그 순간 그 고객을 대상으로 의식적 반응을 하면서 단골로 만들 기회로 삼을지, 아니면 반사적 반응으로 고객과의 관계를 단절시킬지는 감정노동자의 선택에 달려 있다.

이처럼 감정노동자가 특정 상황에서 어떻게 추측하느냐에 따라 반응하는 방법이 결정되고, 이에 따라 감정노동자의 기분이나 행동이 달라진다. 반사적인 반응은 고객이 감정노동자의 감정이나 행동을 지배하게 되지만, 의식적인 반응은 감정노동자가 자신의 감정과 행동을 적절히 통제하면서 합리적인 해결책을 모색할 수 있게 된다.

그러므로 감정노동자의 의식적 반응은 선택이 아니라 필수다. 일부 고객은 감정노동자를 괴롭히면서 자신의 목적을 달성하려고 감정노동자에게 일부러 욕설하거나 난폭하게 대한다. 이럴 때 감정노동자는 고객이 쳐놓은 올가미에 걸려들지 않기 위해 힘들고 어렵더라도 고객의 행동에 대한 긍정적인 추측이 필요하다.

고객의 유형에 맞춰 대응한다

아래의 상황이라면 어떻게 행동하겠는가?

한라산 등반을 위해 세 시간째 걷고 있다. 목이 엄청나게 말랐지만 주변에서 마실 물을 찾을 수 없어 산 정상에 있는 생수 자판기를 떠올리면서 갈증을 달래고 있다.

드디어 정상! 정상에 오르자마자 생수 자판기에 1,000원짜리 지폐를 넣었지만, 자판기가 지폐를 인식하지 못한다. 그러나 옆에 있는 커피 자판기(커피 1,000원)는 지폐를 인식한다.

그날따라 주변에 아무도 도움을 받을 수 있는 사람이 없어 지폐를 동전으로 교환도 하지 못하고, 자판기에 필요한 동전도 없다.

이러한 상황에서는 다음의 반응 중 하나를 선택하게 된다.

① 자판기를 보면서 욕을 하거나 걷어찬다.

② 현실을 인식하고 생수 먹기를 포기한다.

③ 생수에 대한 미련을 버리지 못하고 자판기에 지폐를 계속 넣는다.

④ 생수 대신 커피를 마신다.

①번과 같이 자판기를 보면서 욕을 하거나 걷어차는 유형의 사람은 공격성이 강하다고 할 수 있다. 이런 유형의 고객은 자신의 주장을 관철하기 위해 목소리를 키우고 감정노동자를 윽박지르기도 한다. 실제로 감정노동자들이 자주 접하는 유형의 사람이다. 감정노동자들은 마음에 상처를 남기는 이런 유형의 고객을 가장 꺼린다.

②번과 같은 유형의 고객은 생수 자판기가 고장 나 생수를 마실 수 없다는 현실을 깨닫고 자신의 목적 달성을 포기한다. 즉, 목적을 달성할 수 없다고 생각되면 시도 자체를 포기하는 유형의 사람이다. 이런 고객은 속마음을 쉽게 표현하지 않아 감정노동자는 고객을 상대하기 수월하다고 생각할 수 있지만, 이런 유형의 고객은 제품이나 서비스에 불만을 느끼더라도 불만을 표현하기보다는 다른 상품이나 서비스를 찾아 떠난다. 그러므로 이런 유형의 고객에 더 많은 관심을 기울일 필요가 있다.

①번과 같은 유형의 고객은 방법이 다소 거칠지만, 자신이 원하

는 것을 확실하게 표현하므로 경영자나 감정노동자는 고객의 니즈를 파악하기가 수월하다. 반면 ②번과 같은 유형의 고객은 자신의 목적을 명확하게 드러내지 않아 감정노동자가 고객의 니즈를 파악하기가 쉽지 않다. 감정노동자도 이런 유형의 고객에게 별다른 관심을 두지 않는 경우가 많아 이런 유형의 고객을 만족시킬 기회가 줄어든다. 하지만 고객은 자신에게 무관심한 감정노동자와 그가 속한 조직에 서운한 감정을 느끼면서 실망하게 될 가능성이 크다.

③번과 같은 고객은 자신의 목적을 달성하기 위해 끝까지 노력하는 사람이다. ①번과 같은 유형은 목적을 달성할 수 없다고 판단되면 화를 내는 등의 방법으로 실망감을 표현하면서 목적 달성을 위한 노력을 그만두지만, ③번과 같은 유형의 고객은 자신의 목적을 달성하기 위해 끝까지 노력한다는 점에서 ①번과 다르다.

④번과 같은 고객은 스스로 타협안을 마련해 자신의 목적을 해결한다. 감정노동자가 이런 유형의 고객을 만나면 고객이 목적을 달성하도록 다양한 대안을 제시할 필요가 있다. 감정노동자는 ④번 유형의 고객을 상대하기가 쉽다고 생각하면 낭패를 볼 수 있다. 이런 유형의 고객은 감정노동자의 태도에 따라 자신의 목적을 제대로 말하지 않고 경쟁사의 제품이나 서비스를 구매할 가능성도 있기 때문이다.

4장

불만을 말하는 고객에게
감사하자

1

기대가 크면 실망도 크다

감정노동자는 고객의 불만 처리가 가장 힘들다. 고객이 감정노동자를 함부로 대하면 업무 자체에 회의를 느끼고, 이런 직업을 선택한 자신이 원망스럽다. 심한 경우 직장을 그만두기도 한다.

감정노동자에게 불만을 말하는 고객도 괴롭기는 감정노동자와 마찬가지다. 처음부터 화를 내는 고객은 드물다. 처음에는 점잖게 자신의 요구를 말하다가 감정노동자의 반응이나 감정노동자가 제시하는 해결 방법이 자신의 기대에 미치지 못한다고 생각되면 그때부터 목소리를 높이거나 화를 내는 것이다.

고객은 주로 제품이나 서비스가 자신의 기대에 미치지 못할 때 불만을 느낀다. '기대가 크면 실망도 크다'라는 속담처럼 기대가 컸기 때문에 실망의 정도가 클수록 목소리를 키우는 것이다.

고객은 식당을 고를 때 음식 맛이나 서비스에 대한 기준을 가지고 있는데 자신의 기준에 미치지 못하면 불만을 느낀다. 제품도 마찬가지로 제품 구매의 목적을 충족하지 못할 때 불만을 품게 되는 것이다. 그러므로 감정노동자는 '호미로 막을 것을 가래로 막는다'라는 속담처럼 고객의 불만을 키우지 않고 빨리 해소하려면 고객의 말이나 행동에 민감하게 반응할 필요가 있다.

고객이 화를 낼 때는 이유가 있다

감정노동자가 가장 꺼리는 고객은 '진상 고객'일 것이다. 이들은 필요 이상으로 감정노동자를 괴롭히기 때문에 감정노동자로서는 이들과 만나지 않기를 바랄 뿐이다.

고객이 화를 낼 때는 자신이 원할 때 원하는 결과를 얻지 못했기 때문일 가능성이 크다. 배우자가 선택한 식당이 마음에 들지 않으면, '많고 많은 식당 중에서 이런 식당을 고집해서', '왜 다른 사람들은 이곳에 이렇게 몰리는지' 등과 같은 말로 불만을 드러낸다. 이런 불평 섞인 말을 하는 이유도 식당 선정 과정에서 자기 의사가 반영되지 않은 화풀이를 엉뚱한 곳에 하는 것이다.

감정노동자가 이런 고객을 힘들어하는 이유는 고객에게 불만을 품게 만든 사람과 고객의 불만을 들어야 하는 사람이 다르다는 것에 있다. 구매한 제품을 쓰다 고장을 내고는 매장 직원에게 제품을 제대로 만들지 못해 고장이 났다고 우기고, 손님이 한창 붐비는 시간에 식당에 와서 자기를 기다리게 한다고 식당 종업원에게 짜증을 낸다. 이럴 때 매장 직원이나 식당 종업원은 이유도 모른 채 고객으로부터 불편한 소리를 들어야 한다.

감정노동자는 고객의 지나친 불만 토로에 당황하게 된다. 감정노동자는 고객이 식당에 있는 동안 쌓인 불편함이나 불만에 대해 알 수 없으므로 주문한 음식을 늦게 가져왔다고 화를 내는 고객을 이해할 수 없다. 감정노동자가 고객을 이해할 수 없기 때문에 사과가 늦어지고, 고객은 사과를 미루는 감정노동자를 향해 또 다른 불만을 드러내면서 일이 점점 커지는 것이다.

이런 상황과는 달리 고객이 처음에는 불만이 있었지만 다른 일로 즐거운 기분을 느끼게 되면 앞에서 경험한 불쾌한 기분이 사라지게 된다. 이런 이유 때문이라도 감정노동자는 힘들더라도 고객이 즐겁고 유쾌한 기분을 많이 그리고 자주 경험할 수 있도록 노력할 필요가 있다. 감정노동자가 고객과 즐거움을 공유할 때 감정노동자에게도 도움이 된다는 사실 또한 인식할 필요가 있다.

감정노동자의 과거 경험이 영향을 미친다

저자가 초등학교에 다닐 때 동네에서 개에게 물린 경험이 있다. 그 개는 광견병 예방주사를 맞지 않았다고 했다. 부모님의 광견병 걱정에 저자는 동네 의원에서 오랜 기간 주사를 맞았다. 개 물림 사고가 있고 난 다음부터 덩치가 작은 강아지만 봐도 물릴까 봐 겁을 먹고 멀리 피하는 등 개에 대한 공포심이 생겼고, 지금도 그 영향을 받고 있다. 저자의 친구는 저자와는 달리 개에 대한 공포가 전혀 없어 지금도 시골에서 덩치 큰 여러 마리 개를 키우고 있다.

저자와 저자의 친구가 개에 대해 다른 반응을 보이는 이유는 과거에 있었던 경험 때문이다. 이런 차이는 일상에서 자주 발생한다. 감정노동자가 진상 짓을 하는 A라는 고객을 만나면 감정노동자는 그 고객을 자신을 괴롭힌 사람으로 기억한다. 이로 인해 이 고객과 닮은 외모이거나 비슷하게 행동하는 B고객을 만나면 자기도 모르게 피하게 된다. 문제는 여기서 끝나지 않는다. 감정노동자는 A고객으로 인해 B고객도 소극적으로 맞이하게 되고, 이로 인해 B고객은 불편함과 불쾌함을 느끼면서 감정노동자를 부정적으로 대하게 된다.

고객도 과거 경험의 영향을 받는다. 고객은 다양한 감정노동자들과의 만남을 통해 '담당자를 배려했더니 오히려 손해를 봤다', '화를 내니 서비스가 더 좋아졌다' 또는 '큰소리쳤더니 원하는 결과를 얻었다'와 같은 믿음을 갖게 된다. 이런 불합리한 생각을 하는 고객은 감정노동자가 자신의 바람과 다르게 행동하는 것 같으면 전에 썼던 방법이나 지인에게서 들은 대로 거칠게 항의하거나 화를 내면서 자신의 목적을 달성하려고 한다.

이처럼 감정노동자와 고객 모두 과거 경험이 행동에 영향을 미친다. 특히 특정 상황에서 같은 행동이 반복된다면 전에 경험한 어떤 사건이 자신을 이렇게 행동하도록 만들고 있다고 생각할 수 있다.

하지만 감정노동자가 명심해야 하는 것은 '지금 자신이 만나는 고객은 자신에게 영향을 준 그 고객이 아니라는 사실'이다. '종로에서 뺨 맞고 한강에 가서 눈 흘긴다'라는 속담처럼 하면 안 되는 것이다. 감정노동자는 자신의 눈앞에 있는 고객은 처음 만난 사람으로, 어떻게 행동하느냐에 따라 완전히 다른 경험을 할 수 있다는 것을 알아야 한다. 따라서 감정노동자는 자신의 머릿속에서 자신에게 영향을 미치고 있는 과거 고객의 그림자를 지우고 눈앞의 고객에게 집중해야 한다. 그러면 훨씬 편안하게 고객을 대할 수 있고, 고객과 새로운 관계를 만들어 나갈 수 있을 것이다.

고객의 행동 목적에 대한 이해가 필요하다

감정노동자가 감정노동을 하기 위해서는 반드시 고객이 존재해야 한다. 고객이 없다면 감정노동자 또한 필요 없기 때문이다. 그러므로 감정노동자는 고객에게 적절한 서비스를 제공하고 고객을 만족시키기 위해 먼저 고객의 행동 목적을 이해할 필요가 있다.

고객의 행동 목적을 이해하기 위해서는 '욕구'에 대한 이해가 필요하다. 욕구는 '개인이 느끼고 있는 어떤 것의 결핍상태를 충족하기 위해 무엇인가를 필요로 하거나 원하는 상태 또는 상황'이라는 의미다. 감정노동자가 감정노동을 하는 이유도, 고객이 자신이 원하는 것을 얻기 위해 감정노동자와 만나는 목적도 욕구를 충족하기 위함이다.

(1) 매슬로의 욕구 5단계

미국의 심리학자인 매슬로(Abraham H. Maslow) 교수는 인간의 욕구는 타고났다고 보고 욕구를 강도와 중요성에 따라 5단계로 분류하고 있다. 매슬로 교수에 따르면 사람의 욕구는 행동의 동기를 제공하는 요인이며, 충족 여부에 따라 낮은 단계에서부터 높은 단계로 성장해 간다고 한다. 즉 아래 단계의 욕구가 충족되어야 그다음 단계의 욕구가 발생한다는 뜻이다.

1단계는 생리적 욕구로 인간의 생존과 관련된 욕구다. 음식, 물,

수면, 호흡이나 배설과 같이 생존에 필요한 인간의 본능적인 욕구를 말한다. 2단계는 안전의 욕구로 신체와 감정의 안전을 추구하려는 욕구를 말한다. 생리적 욕구가 어느 정도 충족되면 사고나 질병, 위험 등으로부터 자신을 보호하려는 욕구다. 3단계는 사회적 욕구로 다른 사람들과의 상호작용을 통해 원활한 인간관계를 맺고 유지하려는 애정과 소속에 대한 욕구다. 4단계는 자기존중(존경)의 욕구로 다른 사람으로부터 좋은 평가와 존경을 받으려는 욕구로, 주변 사람에게 자신이 가치 있거나 이바지한다는 인식을 하게 하려는 욕구다. 자기존중(존경)의 욕구가 충족되면 자신감, 권위, 권력과 통제력 등이 생겨난다. 5단계는 자기실현의 욕구로 자신의 재능과 잠재력을 발휘해 자기가 원하는 모든 것을 성취하려는 최고 수준의 욕구다.

[매슬로의 욕구 5단계]

매슬로에 따르면 일반적으로 사람들은 하위 욕구와 상위 욕구가 충돌하면 먼저 하위 욕구를 충족하는 것을 선택한다고 한다. 감정노동자는 고객이 화를 내는 순간 '고객을 피하고 싶다'와 '고객을 진정시켜야 한다'라는 선택 속에서 고민한다. 이런 상황에 부닥친 감정노동자의 본능은 위험한 고객으로부터 피하는 것이다. 감정노동자가 고객을 피했다면 고객의 위협으로부터 자신을 지켜 안전의 욕구를 충족시킨 것이다. 반면, 감정노동자가 위험을 무릅쓰고 고객에게 다가갔다면 감정노동자는 고객과의 관계 회복을 통해 조직을 보호하면서 자기 능력을 발휘하려는 사회적 욕구, 자기존중과 자아실현의 욕구를 충족하기 위함이다. 이렇게 감정노동자가 하위 욕구에서 벗어나 상위 욕구를 충족하기 위해서는 상당한 용기가 필요하다.

생리적 욕구나 안전의 욕구와 같은 하위 욕구는 생존과 관련한 인간의 본능과 밀접한 관계가 있다. 가끔 언론에 보도되는 것처럼 감정노동자가 화장실 사용에 제약이 있거나 의자에 앉지 못한 상태로 장시간 일하게 되면, 감정노동자는 생리적 욕구를 충족하지 못한 채 일하는 것이기 때문에 업무에 부정적인 영향을 미친다. 감정노동자가 몸과 마음이 편안하지 않으면 고객에게 온전히 집중할 수 없어 양질의 서비스를 제공하기 어렵기 때문이다. 또한, 감정노동자에게 폭언하거나 폭행을 하는 고객을 단순히 '고객'이라는 이유로 내버려둔다면 감정노동자는 항상 불안에 떨게 된다. 이런 고객은 소수지만 감정노동자에게 미치는 영향은 크다. 이런 고객으로 인해 감정노동자는 본능적으로 선량한 고객도 '위험한 사람'으로 인식하면서 피하게 되는 것이다. 감정노동자는 소수의 몰지각한 고객으로 인해 위축된 상태에서 일하는 바람직하지 못한 결과를 맞이한다. 이런 결과를 피하고 감정노동자를 보호하기 위해서는 감정노동자에게 폭언이나 폭행을 하는 고객에 대한 단호한 대처가 필요하다.

(2) 윌리엄 글라서의 다섯 가지 기본 욕구

매슬로는 욕구를 수직으로 분류해 하위 단계의 욕구가 충족되어야 그다음 단계의 욕구가 발생한다고 했다. 이는 생존과 관련된 하위 욕구가 해결되어야 상위 욕구인 사회적 욕구, 자기존중과 자기실현의 욕구를 충족시킬 수 있다는 것이다.

윌리엄 글라서(William Glasser) 박사는 매슬로 교수와 달리 개인의 욕구를 수평으로 분류했다. 글라서 박사는 뇌의 기능과 개인의 욕구를 연관 지어 선택이론을 수립했다. 개인은 누구나 태어날 때부터 생존, 사랑과 소속, 힘과 성취, 즐거움 그리고 자유라는 다섯 가지 기본 욕구가 있는데, 이 기본 욕구 중 하나 또는 그 이상의 욕구를 충족시키기 위해 행동하면서 삶을 영위한다고 주장했다. 모든 사람은 누구나 매 순간 자신에게 최선이라고 생각하는 방법을 찾아 자신의 욕구를 충족시켜 나간다는 것이다.

감정노동자가 자신과 고객의 욕구를 이해하기 위해서는 매슬로 교수의 분류와 함께 글라서 박사의 분류를 함께 이해할 필요가 있다.

이처럼 욕구는 행동의 근원이며, 문화, 성별, 인종, 지역에 따라 차이가 없으며, 사람마다 충족하는 방법과 강도가 달라 욕구를 충족하는 과정에서 갈등이 발생한다. 욕구를 충족하는 방법은 사람마다 차이가 있고, 욕구의 강도 또한 다르다.

감정노동자에게 제품의 불량이나 서비스 불만족을 말하는 고객은 자기가 원했던 욕구를 충족하지 못했다고 호소하는 것이다. 따라서 감정노동자는 고객의 충족하지 못한 욕구를 파악하는 것이 고객의 불만 해소와 고객 만족을 위한 첫걸음이다.

고객마다 불만을 표현하는 방법이 다르다

(1) 버럭버럭형_무조건 큰소리로 불만을 말한다

이런 유형의 고객은 자기 목적을 달성하기 위해 감정노동자를 '큰소리로 위협'한다. 감정노동자에게 불만을 표현하는 많은 고객이 버럭버럭형에 속한다. 이 유형에 속하는 고객은 '감정노동자를 강하게 밀어붙일수록 원하는 걸 얻을 가능성이 크다'라는 믿음이 강하다. 실제로 현장에서 일하는 감정노동자로서는 고객의 목소리가 커지면 주변 고객들에게도 영향을 주기 때문에 감정노동자는 빨리 상황을 정리하려고 큰소리치는 고객의 무리한 요구를 들어주는 예외적인 사례가 있는 것도 사실이다. 이런 사례들로 인해 버럭버럭형 고객은 감정노동자가 대응하는 모습을 보면서 '큰 목소리가 효과가 있다'라는 착각에 빠지기도 한다.

버럭버럭형 고객은 감정노동자에게 불만을 조리 있게 설명하기보다는 '무조건 환불해달라' 또는 '무조건 교환해달라'와 같은 무리한 요구를 하는 경우가 많다. 감정노동자가 버럭버럭형 고객을 대하기 힘들어하는 이유도 고객의 말이 논리적이거나 객관적이지 않을뿐더러 자기가 원하는 대로 해달라고 막무가내로 요구하기 때문이다. 이런 유형의 고객은 감정노동자와 이성적으로 대화하면 자신이 무리한 요구를 한다는 것이 드러나기 때문에 처음부터 대화를 통한 해결보다는 감정노동자를 윽박질러 자신의 요구를 관철하겠다는 전략을 세운 것이다.

이들이 이렇게 행동하는 이유에는 두 가지가 있다. 첫 번째는 정말로 화를 낼 만한 상황을 경험한 것이다. 감정노동자의 대응이 처음부터 문제가 되는 사례도 있겠지만, 대부분은 고객의 불만을 처리하는 과정에서 담당자의 책임 회피나 처리 지연 등이 고객의 분노를 산 것이다. 이런 경우에는 감정노동자의 진정성 있는 빠른 사과만이 고객의 불만을 해결할 수 있다. 두 번째는 학습 효과다. 고객이 큰소리치면 감정노동자가 자신의 무리한 요구도 어느 정도 수용한다는 사실을 고객은 알고 있다. 고객은 자신의 목적을 달성하기 위해 감정노동자의 이런 약점을 활용하는 것이다.

이런 유형의 고객을 상대해야 하는 감정노동자에게는 선택의 여지가 없다. 감정노동자는 고객의 요구를 수용하거나 무시할 수밖에 없는데, 고객의 요구를 들어주자니 회사에 부담을 줄 가능성이 있고, 무시하자니 고객에게 시달림을 당해야 하는 어려움이 기다리고 있다.

(2) 차근차근형_차분히 논리적으로 불만을 말한다

큰소리도 내지 않고 조용하고 차분한 목소리로 논리적으로 불만을 제기하는 유형이다. 감정노동자가 이 유형의 고객을 상대하기 어려운 이유는 고객의 요구를 현장에서 들어주기 어려운 경우가 많기 때문이다. "회사의 고객서비스 정책을 구체적으로 설명해달라" 또는 "이렇게 처리하는 회사 규정의 근거는 무엇인가?"와 같은 질문은 감정노동자가 그 자리에서 답변하기가 쉽지 않다.

이런 고객의 또 다른 특징은 자신을 처음 상대한 담당자하고만 대화하려 한다는 것이다. 콜센터에서는 업무에 따라 담당자를 정해두고 고객 문의에 대응하는 경우가 많다. 그러나 차근차근형 고객은 해당 업무 담당자가 아니라 자기 전화를 처음 받은 담당자만을 원하기 때문에 고객의 전화를 처음 받은 담당자는 이중 삼중의 고통을 겪게 된다.

(3) 은근슬쩍형_빙빙 돌려 불만을 말한다

불만을 겉으로 드러내지 않는 대다수 고객이 여기에 속한다. 앞의 두 유형과 달리 감정노동자에게 자신의 불만을 분명히 밝히지 않고 지나가는 말로 툭 던지거나 빙빙 돌려 말한다. 감정노동자가 고객의 말이나 행동을 민감하게 살피지 않으면 고객이 불만을 품고 있다는 사실을 눈치채기 어렵다. 고객의 어색한 행동에서 눈치를 채고 그 이유를 물을 때 비로소 자신의 의견을 말하는 유형이다.

은근슬쩍형 고객은 감정노동자나 경영자가 가장 관심을 두어야 할 고객이지만 현실적으로 이런 고객을 배려하기가 쉽지 않다. 고객이 자신의 의견을 적극적으로 말하면 그 의견을 서비스 정책 등에 반영하기 수월하지만, 속마음을 말하기 꺼리는 고객에게 "문제가 무엇입니까?"라고 먼저 질문하기도 부담스럽기 때문이다.

은근슬쩍형 고객의 불만 제기 방식은 과거의 경험으로부터 영향을 받았을 가능성이 있다. 과거 제품이나 감정노동자의 서비스에 문제가 있어 해결을 요청했지만, 감정노동자와 경영자의 무관심이나 소극적인 대응에 실망해 '문제를 제기해봤자 아무런 소용도 없는데 말할 필요가 없어. 다음부터 이곳에 오지 않는 게 최선이다'라고 결심한 경험 때문일 수 있다.

은근슬쩍형 고객에게는 감정노동자의 끊임없는 관심이 필요하다. '우는 아이 떡 하나 더 준다'라는 속담과 달리 별다른 말이 없는 고객에게도 화를 내는 고객만큼 관심을 줄 필요가 있다. 계산하면서 표정이 어둡거나 부자연스럽게 행동하면 반드시 그 이유를 물어볼 필요가 있다. 이때 "문제가 있었습니까?"라고 직접 묻는 것이 아니라 "음식 맛은 어떠셨어요?" 또는 "상품개발에 도움이 되는 의견을 주시면 반영하겠습니다"와 같은 말로 고객에게 의견을 요청하면 고객 대부분은 자기의 솔직한 마음을 말한다. 감정노동자는 고객의 말을 들으면서 고객이 서운했거나 불만을 느낀 점을 파악하고 해결하면 된다.

2

인정과 공감으로
고객의 불만을 잠재울 수 있다

불만을 드러내는 고객을 유형별로 정확하게 분류하기는 어렵다. 고객이 자신의 불만을 밖으로 표현하는 방법은 장소와 사람에 따라 달라지기 때문이다. 평소 부하에게 함부로 말하는 상사도 중요한 사람과 만날 때는 직장에서와 달리 점잖은 체하기도 하고, 평소 점잖던 사람도 체면이 구겨졌다고 생각하면 과격한 반응을 보이기도 한다.

고객은 감정노동자의 서비스가 기대에 미치지 못한다고 판단되면 마음이 불편해진다. 불편함의 정도가 심해지면 감정노동자에게 화를 내는 등 다양한 방법으로 신호를 보낸다. 원하는 것을 직접 말하기도 하고, 얼굴을 찡그리거나 말을 퉁명스럽게 하는 등 여러 가지로 자신의 마음을 드러낸다.

감정노동자는 고객의 신호에 민감해야 한다. 감정노동자가 고객이 보내는 신호를 인식하지 못하면 고객은 자신이 감정노동자로부터 '무시당한다'라고 생각하게 되는데, 고객의 이런 생각은 고객을 서운하고 화나게 한다. 이럴 때 고객은 감정노동자가 자기에게 관심을 가지도록 강하고 거친 말로 신호의 강도를 높인다. 고객의 표현과 말투가 거칠어질수록 감정노동자의 가슴에 새겨지는 상처의 크기도 커진다.

화난 사람을 만나는 것이 편한 사람은 아무도 없다. 하지만 화난 사람도 누군가로부터 상처를 받은 사람이므로 돌봄이 필요하다. 감정노동자는 화난 고객을 돌볼 수 있는 사람은 '나'뿐이라고 생각해 피하기보다는 먼저 다가갈 필요가 있다.

고객의 마음을 인정한다

고객의 표현 방법을 인정한다는 뜻은 '고객은 자기 마음을 자유롭게 표현할 수 있다'라고 글자 그대로 받아들이는 것이다. 많은 감정노동자가 고객이 드러내는 마음을 인정하기 어려운 이유는 일부 고객의 도덕적이지 못한 행동 때문이다. 하지만 이런 고객은 극히 일부이고 고객 대부분은 선량하다. 그러므로 감정노동자는 일단 눈앞에 있는 고객이 화를 내면 그것이 현재 고객의 마음 상태라는 것을 인정할 필요가 있다.

감정노동자가 고객의 마음을 인정하기 꺼리는 것은 '인정'과 '동의(同意)'를 같은 뜻으로 받아들이기 때문이다. 인정과 동의는 다르다. 동의는 고객이 주장하는 내용에 대한 것이지만, 인정은 고객의 마음 상태에 대한 것이다. 고객을 인정하는 감정노동자는 고객이 화를 내면 '저 고객은 화가 났구나', 큰소리치면 '저 고객은 말을 크게 하고 있구나'라고 생각하고, 일그러진 표정에 대해서는 '저 고객은 뭔가 불편한 부분이 있구나' 하고 고객의 마음 상태를 그대로 받아들이는 것이다. 이것이 불만 해결의 시작이다.

고객이 자신의 마음을 드러내는 방법은 다양하다. 고객이 큰소리를 내고, 욕을 하고, 얼굴을 찡그리는 것도 자신의 마음을 드러내는 방법의 하나다. 물론 '이게 그렇게 화낼 일이야?'라는 생각이 들 정도로 과도하게 화를 내는 사람도 있다. 감정노동자가 '고객이 항상 이성적으로 불만을 말하기'를 원한다면 그것은 고객의 마음까지도 자기 뜻대로 통제하겠다는 것으로, 불가능한 바람이다. 그러므로 감정노동자는 감정노동을 하는 동안 '고객은 자기 의사를 자유로운 방법으로 표현할 수 있다'라는 것을 인정할 필요가 있다.

감정노동자는 고객을 주관적으로 판단하고 대응한다. 감정노동자가 웃는 고객에게 편하게 다가갈 수 있는 이유는 '저 고객으로부터 내가 안전하겠구나'라는 자기 나름의 판단 때문이고, 화난 고객은 '고객이 나를 해칠 수도 있다'라는 판단에 따라 자신을 보호하기 위해 고객을 멀리하는 것이다. 하지만 감정노동자의 이런 반응은 감정노동자의 주관적인 판단에 따른 것으로 고객의 실제 마음과는 다를 가능성이 있기에 주관적인 판단은 고객의 마음을 읽는 데 방해가 된다.

감정노동자의 반응은 감정노동자가 일방적으로 결정하는 것이다. 감정노동자에게 차분하게 말을 하는 고객의 속마음은 차분한 겉모습과 달리 속에서 열불이 나지만 억지로 참는 것일 수도 있다. 그러므로 감정노동자는 고객을 대할 때 자신의 주관적인 판단을 배제하도록 노력할 필요가 있다.

고객의 마음을 인정할 때 특히 중점을 두어야 할 부분은 고객의 감정이다. 고객이 어떤 감정을 얼마나 강력하게 느끼고 있는가를 알아야만 그 감정을 만든 원인을 이해하게 되고, 불만을 해소할 수 있다. 피를 흘리는 환자가 있으면 몸의 어디에서, 어떤 원인으로 인해 피가 나는지를 알아야만 적절한 처치를 통해 환자를 살릴 수 있는 것과 같은 이치다.

[고객을 이해할 때의 기본적인 태도]

· 서로의 사고방식을 이해하고 존중하는 태도
· 자신의 상식이나 정당성만으로 판단하지 않는 태도
· 열린 마음

- 판단 보류
- 감정 조절
- 유연한 마음
- 상대에 대한 공감
- 좋은 경청자 되기
- 다른 것과 틀린 것을 구분하기
- 자신의 실패에 대해 웃을 수 있는 여유 갖기

고객의 감정을 읽어준다

고객은 원하는 서비스를 받지 못하면 몇 가지 감정을 느끼게 되는데 대표적인 감정이 억울함이나 답답함이다. 고객은 원하는 서비스를 받지 못했거나 차별받았다고 생각하면 감정노동자에게 자신의 상태를 알리려고 한다. 고객의 이런 시도에도 감정노동자가 자신을 피하거나 방어하는 말만 하면 고객은 감정노동자의 태도를 보면서 '아직도 내 마음을 몰라주고 엉뚱한 소리만 하네'라고 생각하면서 자신의 마음을 더 크고 강하게 표현하게 되는 것이다.

이럴 때 가장 좋은 방법은 고객의 마음을 읽어주는 것이다. 큰 소리로 화를 내는 고객에게 "배운 것도 많고 점잖으신 분이 왜 이렇게 소리를 지르세요? 진정하세요"라고 말한다면 고객은 감정노동자의 바람과 달리 화를 더 낼 수도 있다. 점잖은 고객이 감정노동자의 의도와 다르게 계속 큰소리를 내는 이유는 감정노동자가 아직도 자기 마음을 알지 못한다고 생각하기 때문이다. 따라서 화가 나 있거나 불만을 나타내는 고객을 진정시킬 방법은 고객의 마음, 즉 감정을 읽어주는 것이다.

고객은 감정노동자로부터 화가 났다는 자신의 마음을 알아주는 말을 들으면, '아, 저 사람이 내 마음을 알아주는구나. 내가 더 이상 화를 내지 않아도 되겠네'라고 생각하면서 조금씩 화를 가라앉히게 된다. '감정을 읽는 것'은 '마음을 알아주는 것'이기 때문에 감정노동자가 고객의 감정을 알아주면 고객은 안심하게 되는 것이다.

감정노동자가 고객의 감정을 읽어주는 것은 화를 내는 고객뿐만 아니라 모든 고객에게 필요하다. 어떤 고객은 화를 내면서 자신의 마음을 표현하기도 하지만, 어떤 고객은 말하는 것을 포기하고 조용히 침묵하기 때문이다. 이렇게 침묵을 유지하는 고객도 감정노동자가 감정을 파악하는 질문으로 마음을 드러낼 기회를 만들면 주저하지 않고 마음을 드러낸다. "고객님, 저희 매장을 이용하시는 데 어떠셨어요?", "이용하는 과정에서 혹시 불편하게 느낀 부분이 있으셨나요?"라는 질문을 통해서도 고객이 자신의 마음을 드러낼 기회를 제공할 수 있다.

이렇게 감정을 읽어주는 과정(공감의 과정)을 거치게 되면 고객의 눈에 감정노동자가 들어오기 시작한다. 이때부터 고객은 자신의 불만을 말하기 시작하는데 감정노동자는 고객이 말한 불만 내용을 적절하게 처리하면 된다.

(1) 공감과 동의는 다르다

감정노동자 중에는 공감(共感)과 동의(同意)의 차이를 알지 못하는 사람도 있다. 아래의 표와 같이 공감과 동의는 다르다.

구분	공감	동의
대상	• 고객의 마음	• 고객의 주장과 생각
방법	• 고객의 관점에서 고객의 생각과 감정의 이해	• 고객의 행동을 승인
예	• "고객님, 화가 많이 나셨네요."	• "고객님의 주장이 옳습니다."

감정노동자는 고객을 맞이할 때 먼저 고객을 이해하고 공감할 필요가 있다. 고객과의 감정교류는 문제가 발생했을 때 하는 것이 아니라 고객과의 접촉이 일어나는 순간부터 시작해야 한다. 예를 들어, 고객이 콜센터에 전화했을 때 연결이 지연됐다면 정도의 차이가 있겠지만, 고객의 마음은 불편하고 답답하고 화가 날 것이다. 이때 감정노동자가 고객에게 '제가 고객님의 이런 기분을 이해하고 있습니다'라는 태도를 보여주었을 때와 그렇지 못했을 때 고객의 기분에는 큰 차이가 있을 것이다.

(2) 공감하는 방법

공감은 상대가 표현하는 감정을 있는 그대로 인정하고 받아주는 것으로, 상대가 표현하는 감정을 내가 판단하지 않는 것이 중요하다. '비슷한 상황에서 나는 그렇게 속상하지 않았는데 왜 이렇게 속상해하지?'라고 판단하기 시작하면 상대를 공감하기 쉽지 않다. 상대가 속상하다고 말하면 '속상하구나'라고 있는 그대로 받아주는 것으로 공감이 시작되는 것이다.

- 공감은 마음을 비우고 고객을 있는 그대로 인정하는 것으로 시작한다.

- 고객이 화를 내거나 폭력적인 방법을 사용하더라도 그 행동은 나에 대한 것이 아니라 자신이 만족하지 못해 만들어진 섭섭한 마음을 표현하는 것이다.

- 고객이 어떤 방법을 통해 자신의 마음을 표현하든지 내가 해야 할 일은 고객이 진정으로 표현하고자 하는 메시지를 찾아서 듣는 것이다.

- 고객이 무슨 말로 자신을 표현하든 그 말 뒤에 있는 고객의 느낌, 필요로 하는 것, 부탁하는 것을 상상해본다. 상상한다는

것은 고객 내면에서 일어나는 일을 확실히 알 수 없고 고객만
이 자신의 느낌과 욕구를 알고 있다고 인정하는 것이다. 또,
비록 지금 하는 상상이 정확하지 않다고 해도 고객이 자신의
느낌과 욕구를 더 깊이 찾아가는 데 도움이 될 수 있다.

• 공감할 때는 고객의 마음과 의도를 상상하는 데 우선하기보다
는 고객의 말을 통해 고객을 이해하려는 나의 의도가 더 중요
하다.

• 여러 가지를 들었을 때는 들은 모든 것을 기억하려고 노력하
기보다는 제일 마지막에 들은, 아직 생동감이 있는 주제에 중
점을 두고 먼저 공감을 한다.

• 해결 방법을 찾기 전에 고객이 자신의 기분이나 마음을 충분
히 표현했다고 느낄 수 있는 시간을 갖는 것이 좋다.

• 고객이 충분히 공감받았다고 생각되면 몸의 긴장이 풀리거나
안도의 한숨을 내쉬는 모습을 볼 수 있다. 이런 모습을 볼 때
고객에게 확인해 자신의 마음을 이해하는 시간이 더 필요한지
를 확인한다.

• 고객의 느낌과 원하는 것을 알았다 하더라도 반드시 말로 해야

하는 것은 아니며, 많은 공감이 침묵 속에서 이뤄질 수 있다.

- 공감의 많은 부분은 침묵으로, 눈빛으로 "예, 그러세요"와 같은 간단한 표시로도 할 수 있다. 중요한 것은 공감하는 사람의 초점이 고객의 느낌과 진정으로 원하는 것에 맞춰지는 것이다. 이런 공감대가 형성되면 자연스럽게 문제 해결의 기반이 마련되고 창조적인 방법으로 어려운 상황을 해결할 수 있다.

- 공감한다고 해서 고객의 말, 행동, 생각에 동의하거나 수용하는 것은 아니다.

- '나는 고객을 도울 수 있다'라는 확신과 자신감으로 고객을 대하는 것이 중요하다.

'역지사지'란 말처럼 고객의 관점에서 고객이 느낄 수 있는 느낌을 상상한다면 완전하지는 않지만, 고객의 마음을 이해하는 데 조금이나마 이해가 될 것이다.

(3) 공감을 방해하는 장애물들

- 충고, 조언, 교육하기

– "그렇게 화를 내면 건강에 해로워요."

– "잘 아시는 분이 그렇게 말씀하시면 곤란하죠."

– "자꾸 소란을 피우시면 경찰을 부를 수도 있습니다."

- 분석, 진단, 설명하기

– "고객님의 그런 말씀을 들으니 대기 시간이 조금 길었던 것 같네요."

– "저희 시스템이 원래 그렇습니다."

– "그 시간에는 고객님들의 문의가 많아서 대기 시간이 조금 길어집니다."

- 바로잡기

– "그건 고객님이 오해하신 겁니다."

– "실제로는 이렇게 된 것입니다."

- 내 얘기 들려주기, 맞장구치기

– "저도 그런 상황이라면 그렇게 했을 것입니다."

– "고객님도 그러셨어요?"

- 위로하기

– "옆에서 보는 제가 다 속상한데 고객님은 오죽하시겠습니까?"

– "이곳의 관행이 다 그렇습니다. 고객님 잘못이 아닙니다."

• 감정의 흐름을 중지하거나 전환하기
– "속상해하지 말고 이 상황을 다르게 한 번 보시죠."
– "이 세상에 억울한 사람이 얼마나 많은데…."

• 동정하거나 애처로워하기
– "그렇게 일이 꼬이다니. 정말 안됐네요."
– "그런 손해를 보고 앞으로 어떡하실 예정입니까?"

• 조사 · 심문하기
– "언제부터 이런 일이 있었습니까?"
– "이제야 말씀하시는 이유가 무엇입니까?"

• 평가하거나 빈정대기
– "매장을 열고 나서 고객님처럼 까다로우신 분은 처음입니다."
– "악착같이 환불받는 걸 보니 금방 부자 되시겠어요."

• 한 방에 딱 자르기
– "그만하고 다른 얘기 하시죠."
– "자, 차나 한잔하시죠."

3

장소의 분위기에 따라
면담 결과가 달라진다

사람의 심리는 시간과 장소의 분위기에 영향을 받기 쉽고, 행동에 영향을 준다. 일로 힘들고 지친 사람이 조용한 바닷가나 산속에서 몸과 마음의 안정을 되찾는 것처럼 환경은 사람의 생각과 행동에 영향을 미치기 때문이다.

고객과의 면담은 차분한 분위기에서 대화에 집중할 필요가 있다. 이를 위해 감정노동자와 고객은 서로 존중하고, 솔직하게 말할 수 있는 환경이 중요하다. 장소의 선택, 너비, 가구의 배치와 조명의 밝기로부터 면담 시간, 복장에 이르기까지 면담에 영향을 미치는 환경 요소를 고려할 필요가 있다.

면담 성격에 맞는 장소를 선택하라

사람은 낯선 장소에 가면 불안감을 느낀다. 운동선수들이 홈경기와 원정경기에서 심리적 압박감의 차이를 느끼는 것처럼 면담 장소가 면담 결과에도 영향을 미친다. '똥개도 자기 동네에서 반은 먹고 들어간다'라는 말처럼 고객에게 익숙한 장소보다는 감정노동자에게 익숙한 회의실에서 대화를 나누는 것이 심리적인 우위에 설 수 있다.

그러나 감정노동자에게만 유리한 장소를 선택하면 장소에 대한 고객의 불만이 더해져 해결에 어려움을 겪을 수 있다. 감정노동자가 심리적인 우위를 차지한다면 반대로 고객은 심리적인 압박감을 받기 때문에 모두가 원하는 결과를 얻는 것이 아니라 한쪽만 만족하는 결과를 얻을 수도 있기 때문이다.

따라서 장소를 선정할 때는 고객을 세심하게 배려해야 한다. 감정노동자가 선택한 장소의 환경은 감정노동자가 고객을 어떻게 생각하고 있는지, 얼마나 배려하고 있는지를 나타내는 메시지 역할을 할 수도 있다. 이런 것은 의자와 책상의 배치를 포함한 가구와 조명과도 관련이 있다.

예를 들어 자신은 목 받침대가 있는 회전의자에 앉으면서 고객은 보조 의자에 앉게 한다거나 조명이 어둡고 퀴퀴한 냄새가 나는 장소에서 고객과 효과적인 면담이 가능하겠는가? 감정노동자가 고객을 배려한다면 고객이 자신을 배려한다고 인식할 수 있는 장소를 선택해야 한다.

면담 장소의 크기가 주는 영향을 고려하라

감정노동자는 고객과 면담할 장소의 크기도 신경 써야 한다. 장소가 우리에게 주는 심리적인 영향도 무시할 수 없다. 감정노동자와 고객과의 거리는 친밀함과 관련되어 있다. 감정노동자와 고객과의 사이에는 물리적인 거리와 심리적인 거리가 존재한다. 따라서 너무 세세한 부분까지 신경을 쓰지는 못하더라도 심리적으로 영향을 받을 수 있는 요소에 대해서는 염두에 두고 면담하는 것이 도움된다.

미국의 문화인류학자 에드워드 홀(Edward T. Hall) 교수는 인간관계에서의 거리를 다음 표와 같이 네 가지 유형으로 분류했다. '인간관계의 거리 유형'은 상대와의 거리, 말하는 방법, 신체 접촉과 대화에 관한 것으로 친밀감을 이해하는 데 도움이 될 수 있다. 거리 감각은 문화와 관습에 따라 다르지만 중요한 것은 서로를 존중하고 고객과 자신이 느끼는 거리를 조금씩 좁혀가려는 노력이다.

[인간관계의 거리 유형]

구분	음성적 특징	신체 접촉	말의 내용
① 밀접한 거리 (0~0.5m 정도)	속삭이는 목소리	많다.	비밀 업무 (접촉에 의한 소통)
② 개인적 거리 (0.5~1.2m 정도)	조금 작은 소리	손을 뻗으면 만질 수 있고, 악수가 가능하다.	개인적 대화
③ 사회적 거리 (1.2~3m 정도)	보통에서 조금 큰 목소리	별로 없다.	업무적인 대화
④ 공적 거리 (3.5m 이상)	큰 목소리 / 마이크 사용	없다.	공적인 대화

면담 테이블에는 메시지가 담겨 있다

세 사람씩 한팀이 되어 회의한다면 아래의 그림 중 어떤 것이 효과적일까? 세 가지 그림에서 사람 사이의 거리감과 책상이 갖는 속성과 영향력을 생각하는 것이 중요하다. 따라서 감정노동자는 면담 장소를 선택할 때 상대에게 미칠 영향을 고려할 필요가 있다.

①   ②   ③

그림 ①의 경우, 나란히 놓여 있는 책상 사이의 공간이 마주 앉은 사람들에게 거리감을 느끼게 만든다. 물리적 거리는 서로를 서먹서먹하게 만들고, 거리가 떨어져 있으면 대화를 위해 목소리를 크게 내야 한다. 큰 목소리를 내면 감정이 격앙될 수 있고, 이런 목소리를 듣는 상대는 위압감을 느낄 수도 있으며, 같이 큰소리를 낼 수도 있으므로 냉정하고 차분하게 대화하는 것이 곤란할 수도 있다. 또 "여기에서만 말하는데…"와 같은 비밀스러운 대화도 어렵게 된다. 따라서 상대와의 정보 수집 능력도 떨어지면서 대화의 성과도 기대하기 어렵다.

그림 ②의 경우는 거리가 그림 ①에 비해 거리가 가까워서 큰 목소리를 내지 않아도 되고, 비밀스러운 대화도 쉽다. 자료를 공유하거나 상대의 자료에 펜으로 직접 표시하기도 쉽고, 상대가 동의하면 즉시 공동 작업을 할 수 있다. 그러나 책상의 경계는 두 편으로 나누고 있다는 것을 의미하기 때문에 그것이 일종의 심리적인 벽으로 작용할 수도 있다.

그림 ③의 경우, 참석한 사람들에게 책상이 하나라는 중요한 메시지를 전달할 수 있다. 고객과 내가 같은 테이블에 앉아 있다는 공통점을 만들어낸다. 면담하는 동안 관련된 사람들이 함께하는 협동 작업이라는 메시지도 만들어낸다. 각이 있는 책상보다 둥근 책상을 선택하면 앉아 있는 사람들에게 평등함과 원만함을 느낄 수 있게 한다. 그러나 원탁의 폭이 넓다면 그림 ②의 경우와 같은 모양으로 앉아 있는 사람 사이에 거리감이 느껴질 수 있다.

방의 넓이도 대화 결과에 영향을 미친다. 사람 수에 비해 방이 너무 넓으면 집중하지 못하고 산만해지기 쉽다. 논의에 집중하고 싶어도 생각과 아이디어가 확산해버리는 일도 있을 수 있다. 이러한 점을 고려한다면 방의 크기는 참석한 사람들이 서로에게 집중할 정도가 적당하다.

언제, 얼마나 대화할 것인가를 미리 정하라

나는 아침형인가, 저녁형인가? 사람마다 업무 성과가 높은 시간대가 있으니 자신이 효율적으로 일할 수 있는 시간대를 알아두면 좋다. 머리가 맑아 아이디어가 떠오르기 쉬운 시간, 고객과 대화할 때 집중이 가장 잘되는 시간 등을 알아두면 중요한 면담이 있을 때 효율적으로 활용할 수 있기 때문이다. 그러므로 원하는 면담 결과를 얻기 위해서는 자신이나 고객에게 부정적인 영향을 미치는 시간을 피해야 한다.

사람의 집중력에는 한계가 있다. 집중력을 높이기 위해서는 호기심이 있는 것, 동기가 높은 것 등 심리적인 요인과 배고픔이나 피곤함과 같은 신체적인 요인에 관심을 기울여야 한다. 흥미가 적은 교육에 참석했을 때의 태도와 자신이 원하고 흥미가 높은 교육에서 보이는 태도에는 분명한 차이가 있다. 조사에 따르면 자신이 관심을 두지 않는 대화가 5분 이상 지속되면 집중력이 끊어져 버린다고 한다. 따라서 고객과 대화할 때 고객이 자신의 의견에 집중해주기를 바란다면 대화 시작 후 1분 이내에 그 의견이 고객에게 얼마나 큰 관계가 있는지를 전달해 상대가 관심을 끌게 만드는 것이 좋다.

일방적으로 요점 없는 얘기가 오랫동안 계속되면 고객의 집중력은 떨어진다. 그래서 감정노동자는 자신의 의견을 말할 때보다 섬세한 전략을 마련해야 한다. 특히 고객을 설득하려고 할 때 일방적인 대화가 되기 쉽다. 이럴 때는 적절한 때에 고객에게 질문을 던지는 등의 방법으로 상대가 집중할 수 있게 할 필요가 있다.

적절한 휴식 시간이 필요하다

회의에서 많이 듣는 불만의 한 가지는 회의시간이 길다는 것이다. 회의시간이 길어질수록 집중력이 떨어지면서 질 높은 결론을 끌어내기 어려워진다. 특히 발상의 전환, 창의적인 아이디어가 필요한 면담이나 회의에서는 휴식 시간이 요구된다.

피곤하고 지친 머리로는 면담이나 회의 등에서 결론을 내지 못하고 시간만 끌 가능성이 크다. 감정노동자는 고객과 면담하기 전 면담의 종료 시각을 정하고, 그것에 맞춰 적절한 휴식 시간을 갖는 것이 대화의 질을 유지하는 데 도움이 된다. 생리 현상도 고려해, 1시간 정도 대화하면 10분의 휴식을 하는 것도 고려할 필요가 있다.

적당한 실내온도와 조명의 밝기를 확인하라

한여름 회의실 온도가 30도를 넘는다면 회의할 수 있을까? 더위에 온 정신을 빼앗겨 대화하는 것 자체가 힘들 것이다.

사람은 오감을 통해 다양한 정보를 수집한다. 온도는 촉각에 영향을 받는다. 대화 중에는 청각, 시각을 주로 사용하지만, 회의실 온도가 높거나 낮으면 더위나 추위를 신경 쓰느라 대화에 집중할 수 없게 된다. 대화에서 청각을 사용하는 목적은 상대의 말소리이지 회의실 밖에서 들리는 소음을 듣고 싶은 것은 아니다. 마찬가지로 회의실 밖에서 공사 현장의 불쾌한 드릴 소리가 연속적으로 들리면 소음이 신경 쓰여 대화에 집중하기 어렵다. 따라서 고객의 목소리를 잡음 없이 들을 수 있는 조용한 환경을 마련하는 것이 중요하다.

조명이 면담에 미치는 영향도 적지 않다. 어두운 실내에서는 고객의 표정을 제대로 살필 수 없고 불안해지기도 한다. 이처럼 조명은 심리에 영향을 미친다. 고객과 진지한 대화를 원한다면 가능한 조명이 밝은 방을 선택하는 것이 좋다.

4

고객의 불만에 효과적으로
대응하는 방법을 익히자

　감정노동자가 고객의 불만을 해결하기 위해서는 철저한 준비가 필요하다. 감정노동자가 고객과 대화하는 과정에서 준비가 부족해 고객의 질문이나 요구에 적절하게 대응하지 못하면 불만의 또 다른 원인이 된다.

　감정노동자가 이런 상황을 방지하려면 감정노동자는 고객이 제기한 불만 내용을 철저하게 분석하고, 예상되는 질문이나 요구사항을 미리 점검할 필요가 있다. 또한, 감정노동자는 '고객과의 면담을 통해 어떤 정보를 얻어야 하는가?', '고객에게 무엇을 말해야 문제 해결에 도움이 될까?', '이번 면담에서 고객과 합의할 수 있는 것은 무엇일까?' 또는 '이번 면담을 통해 회사에 도움이 되는 정보를 얻기 위해 무엇을 해야 할까?'와 같은 질문을 하면서 고객과의 면담을 준비할 필요가 있다.

고객의 불만을 해결하는 첫 번째 과정은 고객과 만남을 약속하는 것이다. 고객이 제기한 불만을 해결하기 위해 고객과 만남을 약속하는 것만으로도 다음 프로세스를 진행할 수 있는 토대를 마련할 수 있기 때문이다.

아래의 면담 프로세스를 활용해 고객과 해결할 문제를 미리 분석해두면 고객과의 대화 과정에서 문제 해결이 수월해질 수 있다. 고객과 만나기 전에 준비한 자료는 어디까지나 감정노동자의 일방적인 판단이 들어 있는 자료다. 고객과 만나는 과정에서 얻은 정보를 기록하고 분석하면 새롭게 발견한 사실과 미처 알지 못했던 내용을 파악할 수 있다.

준비가 필요한 이유는 무엇인가?

고객을 만나기 위해서는 철저한 준비가 필요하다. 감정노동자가 고객의 문제를 제대로 해결하기 위해서는 고객의 상황을 제대로 파악할 필요가 있다. 고객 또한 감정노동자와 만남을 약속하는 순간 자신의 목적을 관철하기 위해 철저하게 준비할 가능성이 크다.

감정노동자는 고객의 불편한 경험을 살피는 것과 함께 고객이 제기한 불만을 해결해야 한다. 감정노동자와 고객이 만나더라도 '감정노동자는 옳고 고객이 틀리다'라고 고객이 오해하게 만들면 문제가 해결되기는커녕 고객을 만나기 전보다 상황이 더 나빠질 수도 있다.

고객이 불만을 제기할 때 자신의 감정은 말하지 않는 경우가 대부분이다. 감정노동자가 고객의 감정에 소홀한 이유는 고객이 자신의 감정을 솔직하게 드러내지 않았기 때문이다. 하지만 감정노동자가 고객의 감정과 같이 드러나지 않은 부분에 초점을 맞출 때 해결의 실마리가 쉽게 풀리는 경우가 대부분이다.

무엇을 준비해야 하는가?

고객이 불만을 제기하면 기록에 남는다. 고객의 불만 처리를 담당하는 감정노동자는 고객이 주장하는 불만을 해결하면 된다. 이때 고객이 불만을 처리하는 감정노동자의 처리 결과에 만족하지 못하면 또 다른 불만의 원인이 되기도 한다. 이런 상황이 벌어지는 이유는 고객이 생각하는 불만의 진짜 원인을 제대로 알지 못했기 때문이다.

고객이 불량 제품을 구매하는 과정에서 다음과 같은 경험을 할 수 있다. 고객은 제품을 구매하면서 자신의 니즈를 충족할 수 있다는 기대감에 부풀었지만, 제품이 제대로 작동하지 않는다는 것을 알게 됐다. 이럴 때 고객은 제품이 불량이라고 생각하기보다는 자기 과실로 제품이 고장 났다고 생각하면서 고객센터에 전화하거나 인터넷에서 관련 정보를 검색하는 등 해결 방법을 찾게 된다. 고객이 시간과 노력을 들인 끝에 자기 잘못이 아니라 구매한 제품이 불량이라는 사실을 알게 되면 그동안 자신이 불량 제품 때문에 쓴 시간과 노력이 아깝다는 생각이 들고, 소모한 시간과 노력이 많을수록 불량품을 판매한 회사에 대한 불만도 비례해 커진다.

감정노동자의 잘못된 대응은 이런 고객의 마음에 불을 지르기도 한다. 감정노동자 중에는 고객의 불량 제품 불만을 처리하면서 제품교환이나 환불로 자기 할 도리를 다했다고 생각하는 사람도 있다. 이렇게 생각하는 감정노동자가 있다면 그 사람은 두 가지 사실을 간과했다. 하나는 고객의 시간과 노력에 대한 보상이고 다른 하나는 고객의 실망에 대한 보상이다. 매장에서 제품을 판매할 때 책정된 가격은 정상 제품 가격이지 불량 제품 가격이 아니기에 고객이 불량 제품을 구매했다면 그 고객에게 제품의 교환이나 환불은 당연한 것이고, 불량 제품으로 인한 실망감과 불필요하게 낭비한 시간과 노력에 대한 보상도 분명히 필요하다.

불량 제품을 판매한 회사에서 고객에게 불량 제품을 정상 제품으로 교환해주는 것은 당연하다. 만약 감정노동자가 제품 교환을 고객의 불편한 경험에 대한 보상이라고 생각한다면 이것은 엄청난 착각이다.

감정노동자의 역할은 불량 제품을 신제품으로의 교환에 그쳐서는 안 된다. 단순히 제품을 교환하는 것만으로는 고객의 분노를 잠재우고 불만을 해소할 수 없다. 그러므로 감정노동자는 불만을 제기하는 고객의 마음에는 불량 제품으로 인한 감정의 찌꺼기가 남아 있다고 생각하고, 고객의 마음속에 있는 감정의 찌꺼기를 깨끗이 없애는 것까지가 자신의 역할이라고 생각해야 한다.

고객의 불만을 해결하기 위해서는 철저한 준비가 필요하다. 감정노동자는 고객의 감정 찌꺼기를 없애기 위해 무엇을 어떻게 준비해야 하는지 알아야 한다. 감정노동자의 준비 부족, 면담 장소의 선택 실수, 잘못된 정보나 좋지 못한 첫인상으로 인해 고객의 불만을 해소하는 데 실패한다면 고객과의 관계가 악화되면서 불만 해결은 더 어려워진다.

고객 대부분은 선량하다. 감정노동자가 고객을 만나기 전 준비만 제대로 한다면 고객의 불만을 얼마든지 해결할 수 있을 뿐만 아니라 제품이나 회사에 더 큰 호감을 느끼도록 만들 수 있다. 이를 위해 고객과의 면담에 필요한 절차를 익혀두고 그에 따른 준비를 할 필요가 있다.

고객과의 면담을 위한 단계는 크게 ① 준비 사항 확인하기, ② 마음의 문 열기, ③ 불만 해결을 위한 의견 나누기, ④ 고객의 참

마음 확인하기, ⑤ 해결 방법 끌어내기, ⑥ 합의 및 실행 단계로 구분할 수 있다.

고객과의 면담 단계를 익히자

단계 1. 준비 사항 확인하기

감정노동자가 고객과의 면담 목적과 면담 진행 방법을 고민하고, 면담 장소를 준비하는 단계다. 면담 장소와 함께 면담 시간이 면담에 어떤 영향을 미칠 수 있는지 미리 검토하는 것도 중요하다. 이때 고객의 감정에 영향을 미칠 수 있는 장소와 분위기를 충분히 고려해 준비한다.

어느 정도 준비가 됐다면 고객을 만났다고 가정하고 전체적인 흐름을 확인할 필요가 있다. 준비를 잘했다고 하더라도 놓치는 부분이 있을 수 있고, 고객의 성향에 따라 다르게 준비해야 하기 때문이다.

이 단계에서 철저하게 준비한다면 다음 단계는 비교적 수월하게 진행할 수 있다. 이 단계에서의 준비가 부실하다면 다음 단계로 넘어가기가 상당히 어려울뿐더러 고객의 불신을 초래해 문제 해결이 더 어려워질 수 있다.

단계 2. 마음의 문 열기

감정노동자는 고객과 대화할 때 항상 '의식적 반응'을 해야 한다. 일부 고객의 경우 주도권을 잡기 위해 감정노동자를 무시하거나 비아냥거리고 감정노동자에게 협박하기도 한다. 이럴 때 감정노동자가 고객의 태도에 당황해 반사적 반응을 하게 되면 고객이 만든 함정에 빠질 수 있으므로 주의해야 한다.

감정노동자는 고객과 처음 만날 때를 특히 주의해야 한다. 고객은 감정노동자를 만나기 전부터 긴장하고, 경계심을 가득 품은 채 감정노동자를 만난다. 감정노동자가 고객과 처음 만나 인사를 나누면서 고객을 불편하게 하거나 적대감을 보이면 고객은 마음의 문을 완전히 닫아버리고 대화를 거부할 수가 있다.

감정노동자가 고객을 만나 가정 먼저 해야 할 일은 고객의 마음을 알아주는 것이다. 고객은 면담 과정에서 또 다른 감정의 찌꺼기를 마음에 담지 않을까 걱정한다. 따라서 감정노동자는 고객의 긴장감을 풀어주는 대화에 신경 쓸 필요가 있다.

감정노동자가 고객의 마음 열기에 집중해야 하는 이유는 불만 해결과 밀접한 관계가 있기 때문이다. 감정노동자와 고객의 갈등이 심한 경우 불만 해결에 도움이 되는 정보를 말하지 않지만, 서로를 불만 해결을 위한 파트너로 인정하면 속 깊은 대화를 할 수 있어 불만 해결에 도움이 되는 많은 정보를 얻을 수 있게 된다. 그러므로 감정노동자는 여유와 인내심을 가지고 노력해 자신을 불만 해결의 파트너로 인정받고, 고객의 닫힌 마음을 열 수 있도록 노력해야 한다.

고객과 대화하면서 감정노동자는 선량한 고객과 그렇지 못한 고객을 구분할 필요가 있다. 대부분 고객은 선량하지만, 일부 고객의 경우 자신의 이익을 위해 선량한 고객인 척하기도 한다. 선량하지 못한 고객에 대해서는 회사 차원에서 사법기관에 고발하는 등 단호하게 대처할 필요가 있다. 많은 회사에서는 고객의 반감을 두려워해 단호하게 대처하기를 망설이지만, 감정노동자와 선량한 고객을 보호하기 위해서라도 강한 결단이 필요하다.

단계 3. 불만 해결을 위한 의견 나누기

감정노동자는 불만을 해결하려는 시도를 성급하게 하지 말아야 한다. 사람은 본능적으로 불편한 자리를 피하려는 속성이 있기에 감정노동자도 빨리 해결하고 고객에게서 벗어나고 싶어 한다. 하지만 감정노동자의 이런 마음과 달리 고객은 자기 마음속에 있는 묵은 감정까지도 털어버리고 싶어 한다. 고객은 자기 마음도 몰라주는 감정노동자에게 서운함을 느끼면 자기 편이 아니라고 생각하고 마음을 닫는다. 이렇게 되면 고객의 마음을 여는 데 지금보다 더 많은 시간과 노력을 기울여야 한다. 그러므로 감정노동자는 고객을 만날 때 빨리 해결하고 싶은 유혹에서 벗어날 필요가 있다.

고객의 솔직한 생각을 파악하는 것이 불만 해결의 출발이다. 고객 중에는 체면 때문에 자신의 솔직한 마음을 말하기보다는 감정노동자가 알아주기를 바라는 사람도 있다. 감정노동자가 고객과의 충분한 대화가 필요한 이유도 고객의 솔직한 의견을 파악하기 위해서다.

감정노동자는 고객에게 자신이 고객 편이라는 점을 강조할 필요가 있다. 고객은 자신의 목표와 담당자의 목표가 같다고 확신할수록 감정노동자에 대한 경계를 풀고 마음의 문을 여는 시간이 빨라진다. 이런 관계의 변화를 바탕으로 고객과 대화를 진행하면 두 사람은 문제를 함께 해결하는 파트너가 되면서 협조적인 관계로 변하지만, 감정노동자가 성급하게 해결 방법을 꺼내면 고객은 열었던 마음의 문을 닫기 때문에 주의해야 한다.

감정노동자는 고객의 제품 선택 기준에도 관심을 두어야 한다. 고객의 제품 선택 기준은 크게 '가격'과 '품질'로 구분할 수 있는데, 고객의 불만을 처리할 때도 선택 기준에 따라 해결 방법을 달리해야 해결이 쉬워질 수 있다. 따라서 고객의 불만 해결을 위해서는 고객의 구매 기준을 파악하는 것이 중요하다.

감정노동자는 고객의 불만을 해소하기 위해 고객이 원하는 목적을 명확하게 해야 한다. 감정노동자가 고객의 마음을 여는 데 많은 시간과 노력을 들여야 하는 이유는 고객의 솔직한 마음을 알아야 하기 때문이다. 고객 중에는 '체면' 때문에 돈과 관련된 불만의 원인을 솔직히 말하지 않는 사람도 있다.

감정노동자는 고객과 대화하면서 고객을 자극하지 않도록 특히 주의해야 한다. 감정노동자가 흔히 사용하는 "고객님, 이런다고 환불이 가능하지 않습니다" 또는 "조용한 곳으로 가서 말씀 나누시죠"와 같은 말을 고객은 '억지를 부려도 소용없다. 그러니 조용히 매장에서 나가라'와 같은 의미로 받아들일 수 있으므로 될 수 있으면 고객을 자극할 수 있는 말을 사용하지 말아야 한다.

단계 4. 고객의 참마음 확인하기

감정노동자는 경청과 질문을 통해 고객의 목적이 무엇인지 명확하게 파악해야 한다. 어떤 고객은 자신의 목적을 솔직하게 말하지 않고 빙빙 돌려 말하거나 다른 사람의 사례를 말하면서 감정노동자에게 자신의 목적을 넌지시 전하기도 한다. 감정노동자는 경청을 통해 고객의 의도를 추측한 다음 질문을 통해 자신의 추측이 올바른지 확인해야 한다.

감정노동자와 고객은 서로의 목적을 솔직하게 말할수록 해결 가능성이 커진다. 이럴 때 감정노동자는 고객 불만을 깊이 이해할 수 있고, 고객은 감정노동자가 자신에게 한 행동을 이해할 수 있게 된다. 이런 상황이 되면 감정노동자와 고객이 해결해야 할 문제는 고객이 처음 제기했던 불만과 달라질 가능성이 크다.

이때 감정노동자와 고객은 자기주장만을 고수해서는 안 된다. 이렇게 되면 감정노동자와 고객은 서로 상대의 주장을 트집이라고 여기고, 상대의 주장을 받아들이지 않게 되면서 해결의 실마리를 찾기 어려워지기 때문이다. 특히 이 과정에서 다툼이 심해지면서 또 다른 갈등의 원인이 만들어지기도 한다. 따라서 해결을 위해서는 상대가 하는 말이나 겉으로 드러나는 행동에만 초점을 맞춰서는 안 되고 상대의 주장 뒤에 감춰진 상대의 진짜 목적을 찾아내야 한다.

고객의 불만을 해결한다는 의미는 '고객의 욕구를 충족시킨다'라는 뜻과 같다. 예를 들어 고객이 처음에 "사장 나와!"라고 외칠 때 고객의 목소리에만 초점을 맞추면, 감정노동자는 '사장님께 보고하고 사장님의 선택을 기다리는 것' 외에는 할 수 있는 일이 아무것도 없다. 반면 "사장 나와!"라고 주장하는 고객의 속마음을 읽게 되면 다양한 선택을 할 수 있다.

고객이 "사장 나와!"라고 외치는 이면에는 '담당자와 말이 통하지 않는다'라는 답답함의 표현일 수도 있고 '자신의 존재감이나 영향력'을 과시하기 위함일 수도 있다. "사장 나와!"라는 외침이 서운하다는 뜻이라는 것으로 알았다면 고객이 경험한 서운함을 해소할 방법을 찾아야 한다. 결국 해결해야 하는 진짜 불만은 '사장 나와!'가 아니라 '나(고객)의 서운함을 달래줘!'가 고객 불만의 진짜 목적이 된다.

이럴 때 '어떻게 하면 고객의 서운함을 달랠 수 있을까?'라는 질문을 던지고, 그 질문에 대한 답을 찾으면 된다. 이렇게 고객의 욕구를 정확하게 파악하면 실제로 해결해야 할 진짜 불만은 처음의 불만 내용과 다를 가능성이 있다.

단계 5. 해결 방법 끌어내기

감정노동자와 고객은 원하는 해결 방법이 다를 수 있다. 이런 경우에는 서로의 해결 방법에 대한 차이점보다는 공통점을 찾으려고 노력할 필요가 있다.

감정노동자와 고객은 모두 '빨리 그리고 생산적으로 해결'되기를 바란다. 이런 공통점을 바탕으로 감정노동자와 고객 모두가 만족하는 방법을 자유롭게 탐색하면 해결 방법을 찾을 수 있게 된다.

감정노동자가 원하는 방법 중에서 고객도 만족할 것으로 생각하는 제안을 '건설적 제안'이라고 한다. 건설적 제안을 위해서는 먼저 상대를 존중하는 태도를 보이면서 아이디어를 말해야 한다. 감정노동자나 고객이 서로에게 자신의 의견을 말할 때 해결 방법에 대한 우선순위를 두지 않고 자유롭게 말하는 것이 중요하다. 이때 상대가 자신의 제안을 거절할 것이라는 걱정도 내려놓고 자유롭게 말할 필요가 있다. 앞에서 감정노동자와 고객 사이에 마음의 문을 활짝 열어야 한다고 강조한 이유도 여기에 있다.

이를 위해 피해야 할 태도가 있다. '해결 방법에 대한 성급한 판단', '완벽한 제안을 해야 한다' 또는 '문제를 일으킨 사람이 문제를 해결해야 한다'와 같은 태도나 생각은 나와 상대를 같은 팀이 아니라 다른 팀으로 만들기 때문에 불만 해결에 도움이 되지 않는다.

감정노동자와 고객은 해결 방법을 찾는 과정에서 두 사람 모두를 만족하게 하는 방법을 분명히 찾을 수 있다. 이럴 때 도움이 되는 태도는 다음과 같다.

- 고객과의 첫 대면에 만족하지 말고 다양한 해결 방법 탐색하기
- 감정노동자와 고객 모두를 만족하는 해결 방법 찾기
- 감정노동자와 고객이 해결 방법을 탐색하기 위한 노력을 끝내지 않은 상태에서 특정 방법을 결정하거나 거부하지 않기

단계 6. 합의 및 실행

해결 방법을 찾은 감정노동자와 고객에게 남은 것은 실행이다. 감정노동자가 고객과 합의한 그대로 실행할 수 있다면 고객의 불만 처리는 마무리되지만, 감정노동자가 고객과 합의한 내용을 실행하기 위해 경영자의 승인이 필요하거나 또 다른 사건 당사자와의 합의가 필요한 경우에는 예측하지 못한 문제가 발생할 수 있다. 따라서 감정노동자는 예상되는 여러 문제를 고려해 합의안을 마련할 필요가 있다.

감정노동자와 고객은 합의안을 확인하고, 계획에 따라 실천하면 된다. 감정노동자는 고객의 불만이 완전히 해결될 때까지 고객과 우호 관계를 유지하는 것이 중요하므로 감정노동자와 고객은 서로

의 목적을 달성할 수 있도록 적극적으로 협력할 필요가 있다.

합의는 실천과 관계가 있다. 감정노동자와 고객 모두 만족하지 않고 감정노동자나 고객 중 한쪽만을 웃게 만드는 해결 방법은 불만을 느끼는 사람이 언제든지 약속을 깰 가능성이 있기에 관련된 사람 모두가 만족하는 방법을 찾아야 한다. 감정노동자는 만족하지만, 고객이 만족하지 못하는 해결 방법으로 합의했다면 고객의 마음속에는 억울함과 같은 감정의 찌꺼기가 남아 있어 합의한 내용을 따르는 데 주저하게 만든다. 고객은 만족하지만, 감정노동자가 만족하지 못하는 경우도 마찬가지다.

감정노동자는 고객을 만나는 동안 많은 에너지를 소모한다. 특히, 고객의 불만을 처리하는 과정에서 상처받으면서 감정노동을 선택한 자신에 대해 후회나 원망을 하기도 한다. 지치고 힘든 감정노동자는 고객을 만나는 것이 두렵고 힘들어진다. 고객 또한 지치고 힘들어하는 감정노동자를 반기지 않는다. 그러므로 감정노동자는 자신을 보호하는 방법을 익힐 필요가 있다.

5장

자신을 돌보는 방법을 익히자

1

삶은 개구리 증후군에서 벗어나라

개구리를 끓는 물에 집어넣으면 개구리는 바로 뛰쳐나온다. 하지만 찬물에 개구리를 넣고 서서히 가열하면 개구리는 뜨거운 물에서 나오지 못하고 죽게 된다. 이처럼 점진적으로 고조되는 위험을 미리 인지하지 못하거나, 이에 대한 적절한 대응 시기를 놓쳐 화를 당하게 되는 것을 '삶은 개구리 증후군'이라고 한다.

직장인 대부분은 삶은 개구리 증후군에 빠질 위험이 있다. 직장인이 삶은 개구리 증후군에 빠질 위험 중 하나는 건강이다. 우리나라의 거의 모든 직장인과 자영업자는 과도한 업무에 시달리고 있다. 오랜 시간 일하는 동안 피로와 스트레스에 노출되면서 건강에 대한 위험도는 높아진다.

과로와 스트레스는 직장인 돌연사의 주범이다. 직장인의 돌연사에 관한 뉴스를 자주 접하게 되는데 20~40대 직장인 중에는 정상적인 생활을 하다가 갑자기 사망하는 사람이 늘고 있다. 직장인은 이런 불상사를 예방하기 위해 자기 신체나 심리 건강에 대해 민감할 필요가 있다.

감정노동자는 신체와 심리 건강에 관한 위험이 일반 직장인보다 큰 집단이다. 특히 식당과 같은 자영업은 자기 일을 대신해줄 사람도 없고, 고민을 함께 나눌 사람도 없기에 감정노동자 중에서도 위험군에 속한다.

감정노동자는 다른 고객을 계속 맞이하느라 건강을 돌볼 시간이 절대적으로 부족하다. 감정노동자는 고객의 기분에 따라 성과가 달라진다는 것을 알기 때문에 피곤해도 피곤하지 않은 척, 슬퍼도 슬프지 않은 척, 고객이 화를 내도 화가 나지 않는 척 미소 짓는 일을 수시로 해야 한다. 이런 시간이 길어질수록 감정노동자의 마음속에는 피로와 스트레스가 쌓이면서 심리 건강도 나빠진다.

건강한 감정노동자가 고객을 제대로 도울 수 있다. 감정노동자는 수시로 자신의 상태를 점검하고 돌봐야 한다. 감정노동자가 하루라도 자기 돌봄을 게을리하면 감정노동자의 마음속에는 감정의 찌꺼기들이 쌓이면서 감정노동자의 건강에 영향을 미치기 시작하기 때문이다. 감정노동자는 자신과 업무 수행을 위해 수시로 자신의 건강 상태를 확인하고, 자신을 돌보는 데 시간과 노력을 기울일 필요가 있다.

스트레스의 속성을 이해하자

감정노동자는 보람과 좌절을 동시에 경험한다. 자신의 도움으로 문제를 해결하면서 "도와주서서 감사합니다"라는 인사를 마치는 고객을 뒤로하자마자 "야!"라고 소리치는 무례한 고객을 만나야 하기 때문이다. 감정노동자는 온탕과 냉탕을 오가는 경험을 하루에도 수십 번씩 경험한다.

이런 경험은 감정노동자의 가슴에 수많은 상처를 남긴다. 감정노동이 일어나는 사무실 근처에는 피곤한 표정으로 담배를 피우는 감정노동자의 모습을 쉽게 볼 수 있다. 퇴근 후에는 근처 술집에서 상사나 고객의 뒷담화를 하면서 하루를 마무리하는 모습 또한 흔하다.

술이나 담배로 순간의 스트레스와 피곤을 잊는 행동은 '언 발에 오줌 누기'와 같다. 피곤은 휴식을 통해 쉽게 해소할 수 있지만, 감정노동자의 마음속에 쌓인 스트레스는 술이나 매운 음식을 먹는 것으로 해소하지 못하는 경우가 대부분이다. 오히려 잘못된 선택은 스트레스를 해소하기는커녕 건강을 해치고 스트레스를 악화시킬 수도 있다. 따라서 스트레스의 원인을 제대로 이해하고 적절한 예방 방법을 알 필요가 있다.

(1) 스트레스란 무엇일까?

스트레스는 외부의 자극이 신체에 가해질 때 신체가 수행하는 일반적이고 비특정적인 반응을 의미한다. 감정노동자가 경험하는 외부의 자극은 고객의 언어폭력이 대표적인 사례이고 고객의 별점 테러나 상사의 폭언 등도 스트레스의 주요 원인이다.

스트레스의 질병 모델로는 학습된 무기력이 유명하다. 학습된 무기력은 헤어날 수 없는 스트레스 상황이 지속되면 우울증이 유발된다는 이론이다. 학습된 무기력 이론에서는 스트레스 상황을 부정적으로 받아들이면 결국 질병으로 이어진다고 설명하고 있다. 따라서 스트레스는 감정노동자의 업무성과뿐 아니라 감정노동자의 건강에도 부정적인 영향을 미치는 원인이 된다.

술과 담배는 감정노동자의 스트레스를 악화시키는 원인이다. 감정노동으로 쌓인 스트레스와 피곤 그리고 자신을 힘들게 만든 상대를 잊기 위해 술을 마시게 되면 신체와 정신 모두에 부정적인 영향을 미치게 된다. 특히 스트레스가 심한 상태에서 술을 마시면 자제력을 잃으면서 폭력적으로 변하기 쉽다. 스트레스를 해소하기 위해 마신 술이 오히려 더 큰 사건의 원인이 될 수 있다. 담배도 술과 마찬가지로 긍정적인 영향보다는 부정적인 영향이 더 크다.

이런 문제를 해소하기 위해서는 스트레스의 원인을 명확하게 알 필요가 있다. 병을 치료하기 위해서는 병의 원인을 제대로 알아야 하는 것처럼 스트레스도 마찬가지다.

감정노동자에게 영향을 미치는 스트레스의 원인은 사람과 사건의 두 가지로 압축할 수 있다. 감정노동자는 다양한 고객과 관계를 맺으면서 고객의 요구를 충족시켜주는 역할을 한다. 고객이 해결을 원하는 문제를 던져주면 감정노동자는 이 문제를 해결하기 위해 에너지를 쏟게 된다. 이 과정에서 감정노동자의 바람대로 문제가 해결되지 않으면 감정노동자의 스트레스 수준은 높아진다. 감정노동자의 스트레스 원인이 문제해결이라면 스트레스 해소도 상대적으로 수월할 수 있다.

감정노동자가 해소하기 어려운 스트레스는 고객과의 관계로 인한 스트레스다. 문제가 고객이 바라는 만큼 해결되지 않으면 고객은 감정노동자에게 다양한 방법으로 압박을 가한다. 이 과정에서 감정노동자와 고객 사이에는 감정의 골이 깊어진다. 고객이 해결을 원하는 문제와 고객과의 관계와 복합적으로 작용하면서 감정노동자의 스트레스 강도는 더욱 높아진다.

(2) 스트레스의 속성을 이해할 필요가 있다

① 스트레스는 항상 존재한다

살아가는 동안 누구도 스트레스에서 벗어날 수 없다. 무인도에서 혼자 살더라도 추위나 더위, 배고픔이나 동물의 위협 등 환경에서 오는 자극은 존재하기 때문에 스트레스는 살아가는 동안 피할 수 없다. '피할 수 없으면 즐겨라'라는 말처럼 스트레스를 느끼는 순간 '내가 살아 있구나'라고 인식하면서 스트레스를 극복하면서 긍정적인 결과를 만들도록 노력할 필요가 있다.

② 변화로부터 시작된다

감정노동자는 변화에 노출되기 쉽다. 직장인이 매일 같은 시간에 출근하고, 같은 사람을 만나더라도 여러 가지 변화를 경험한다. 감정노동자는 매 순간 다른 사람, 다른 상황을 경험한다. 감정노동자의 몸과 마음은 이런 변화에 반응하는데 이것이 스트레스의 원인이 된다.

③ 건강에 부담이 된다

감정노동자가 외부로부터 다양한 스트레스를 받게 되면 뇌를 포함한 감정노동자의 신체는 스트레스에 적응해야 한다. 감정노동자의 신체가 스트레스에 적응하는 과정에서 건강에 부담을 주게 된다.

④ 스트레스에 적응하기 위해 노력해야 한다

우리 몸은 외부로부터 자극이 오면 반응하게 된다. 즉 몸은 스트레스에 반응하게 되는데 이때 몸은 외부의 자극에 대응하면서 균형을 잡기 위해 노력한다. 이 과정에서 긍정적으로 적응하게 되면 정신력이 강해지고 건강에도 도움이 되지만, 그렇지 못한 경우에는 건강 악화나 돌연사와 같은 불행한 상황을 맞이하게 된다.

감정노동의 시작은 스트레스 극복이다

스트레스의 원인은 다양하다. 스트레스의 원인은 '외적 요인'과 '내적 요인'으로 구분할 수 있는데, 감정노동자에게는 외적 요인과 내적 요인 모두가 원인이 될 수 있다.

외적 요인으로는 소음, 강력한 빛이나 열, 근무 장소와 같은 물리적 환경, 고객의 무례함이나 명령, 고객이나 동료와의 갈등과 같은 사회적 관계, 가족이나 친인척의 죽음, 승진이나 퇴직과 같은 생활의 중요한 사건, 조직의 규칙·규정·형식, 출퇴근과 같은 일상의 복잡한 일 등이 스트레스의 외적 요인이다.

내적 요인으로는 카페인, 수면 부족, 과도한 업무, 비관적인 생각, 자기 비하, 자신에 대한 평가절하와 같은 부정적인 생각, 모든 고객이 감정노동자에게 친절하기를 바라는 비현실적인 기대, 과장되고 경직된 사고와 같은 마음의 올가미, 완벽주의자나 일벌레와 같이 스트레스에 쉽게 노출되는 개인 특성 등이 스트레스의 내적 요인이다.

감정노동자는 일반 직장인보다 스트레스에 더 많이 노출된다. 일반 직장인은 자신의 상태를 고려해 업무를 조절할 여지가 많지만, 감정노동자는 그렇지 못하다. 감정노동자는 고객과 만나는 시간 내내 긴장해야 한다. 이런 상황 자체도 감정노동자를 힘들게 하지만, 고객의 요구에 따라 수동적으로 행동해야 하는 상황 또한 감정노동자의 스트레스 수준을 높인다. 이때 '진상 고객'이라도 만나게 되면 감정노동자의 스트레스는 인내의 한계를 넘게 된다.

감정노동자가 스트레스를 극복해야 하는 이유는 고객이다. 고객은 몸과 마음 모두 건강한 감정노동자로부터 도움받기를 원한다. 따라서 감정노동자는 감정노동을 하는 동안 자신에게 영향을 미치는 스트레스 원인을 파악하고 이를 극복하기 위해 노력할 필요가 있다.

일찍 발견할수록 스트레스 해소가 수월하다

스트레스는 행동에 영향을 미친다. 동료의 일하는 모습이 평소와 다르다고 생각되면 그것은 동료가 보내는 구조신호일 가능성이 크다.

스트레스는 몸과 마음의 균형을 무너뜨린다. 스트레스로 인한 신체적인 불균형은 당사자가 인식하기가 쉽지만, 심리적인 불균형 상태는 스스로 눈치채지 못하는 경우가 많다. 또, 감정노동자와 동료의 관계가 친밀하지 않으면 감정노동자는 큰 고민이 있더라도 그 고민을 동료와 나누기 어렵기 때문에 고민을 오랫동안 감추게 되고, 혼자서만 고민하다 마음의 병을 더 키우게 된다.

스트레스는 당사자뿐 아니라 동료에게도 부정적인 영향을 미친다. 스트레스 수준이 높을수록 동료의 행동에 부정적으로 반응하는데 평소의 행동과는 반대되는 행동을 하는 경우가 많다. 매사에 신중하게 판단하는 사람이 경솔하게 판단하거나 친절한 사람이 화를 내거나 신경질을 부리는 빈도가 증가하기도 한다.

스트레스는 빨리 발견할수록 해소하기가 쉽다. 아래의 점검 포인트에 해당하는 감정노동자가 있다면 대화를 통해 애로사항을 해결해주거나 충분한 휴식을 통해 스트레스를 해소할 기회를 제공할 필요가 있다.

(1) 스트레스 점검 포인트

• 신체 증상

− 불면증, 두통, 식욕부진, 전신 피로, 피로감 등을 자주 호소한다.
− 심장과 위장 등 몸 상태에 항상 신경 쓴다.
− 자주 다니던 병원을 다른 병원으로 바꾼다.
− 혼자서 외출하거나 차에 타는 것을 무서워한다.
− 위장약, 영양제, 진통제 등을 상용하고 있다.
− 안색이 나빠졌다.
− 눈에 띄게 살이 빠졌다.
− 때로 멍한 모습을 보이거나 졸도하기도 한다.

- 업무 시간에 졸기도 한다.

- 언행과 태도
- 옷차림, 말, 태도가 단정하지 못하다.
- 이상한 복장을 한다.
- 행동이 느려진다.
- 표정의 변화가 별로 없다.
- 주위 사람이나 일에 관심이 줄었다.
- 혼잣말하고 혼자 웃고, 생각에 빠지는 일이 잦다.
- 웃음거리나 이상한 버릇 등이 눈에 띄게 늘었다.
- 얘기의 결말을 나쁘게 만들거나 갑자기 말을 중간에서 끊기도 한다.
- 활기가 없고, 우울해 보인다.
- 자신감이 없으며 쓸데없는 걱정을 많이 한다.
- 과거의 사소한 사건을 후회하는 일이 잦다.
- 지나치게 허풍을 떨거나 갑자기 자신감이 넘치는 것처럼 행동한다.
- 돈을 흥청망청 써 다른 사람들에게 자주 돈을 빌린다.
- 술버릇이 나빠졌다.
- 전날의 과음으로 인한 후유증이 자주 나타난다.
- 아침부터 술 냄새를 풍긴다.

- 잠자기가 싫고, 힘들고, 죽고 싶다는 말을 자주 한다.
- 얼굴에서 밝은 모습이 없어지고 인상이 어두워졌다.
- 피해의식이 강하다.
- 사소한 일로도 밤중에 전화를 건다.

• 대인관계
- 말수가 적어져 사람과 사귀기도 어렵다.
- 사람을 피하고 다른 사람의 시선을 무서워한다.
- 다른 사람의 말과 행동에 대해 필요 이상으로 신경 쓰고 의심한다.
- 초조해하면서 자주 신경질을 낸다.
- 자주 말싸움을 하고 술을 마시면 주먹다짐까지 한다.
- 친하지 않은 사람에게 갑자기 매우 친근한 사이였던 것처럼 말을 건다.
- 자신과 관계없는 일에 참견한다.
- 토론하기를 좋아해 현실과는 직접 관계가 없는 추상적이고 철학적인 말을 무심결에 한다.
- 신경질적이고 기분이 갑자기 변한다.
- 자주 문제를 일으킨다.
- 불평불만이 많고, 주변 사람들과 대립하는 경우가 많다.

• 업무 태도

- 지각, 조퇴, 병가, 무단결근이 많아진다.

- 부주의로 인한 실수가 늘었다.

- 업무를 적극적으로 하지 않는다.

- 정리 정돈이나 업무의 뒤처리가 깔끔하지 못하다.

- 업무의 효율성이 떨어진다.

- 이유 없이 부서 이동이나 퇴직을 원한다.

- 건망증이 심해졌다.

- 계산 실수가 잦아졌다.

- 자신의 권한이나 능력 그리고 부서의 업무 범위를 벗어나는 일을 하려고 한다.

- 주제넘게 참견하려고 한다.

- 너무 지나치게 업무에 공을 들여 일이 진척되지 않는다.

- 세부적인 내용에 집착한다.

- 업무 중에 침착하지 못하고 불안해한다.

- 직장을 자주 옮긴다.

- 월요일에 자주 휴가를 낸다.

스트레스 해소 방법을 구체적으로 익히자

감정노동자가 스트레스의 영향을 받으면 몸과 마음 모두 좋지 않다. 이런 상태에서는 업무에 전념하기도 힘들고 고객을 만나기도 어려우므로 휴식을 통해 빨리 스트레스를 해소해야 하지만 필요한 만큼의 휴가를 얻기가 현실적으로 어렵다.

피로와 스트레스를 잊기 위해 과음이나 폭식을 하는데 이런 방법은 피로와 스트레스를 악화시킬 뿐이다. 특히 과음은 스트레스에서 일시적으로 벗어난 것처럼 착각하게 하지만 시간이 지날수록 몸과 마음에 악영향을 미쳐 스트레스를 악화시킨다.

스트레스를 현명하게 해소하는 방법은 동료와의 건강한 대화다. 동료의 "오늘 하루 수고했습니다", "힘들었지만 보람 있는 하루였습니다" 또는 "힘든 상황에서 도와주셔서 감사합니다"와 같은 인정의 말이 스트레스 해소에 도움이 된다는 연구 결과처럼 힘들 때 동료나 주변 사람에게서 듣는 따뜻한 위로는 스트레스를 이겨내는 데 많은 도움이 된다. 또한, 피곤함을 보이는 동료에게는 "많이 피곤해?" 또는 "고민이 있는 것 같은데…"라고 먼저 묻고, 동료의 마음을 헤아리면서 진심으로 걱정하고 있다는 마음을 전하는 대화는 동료의 스트레스 해소에 도움이 된다.

건강한 대화의 전제 조건은 긍정적인 경험을 함께 나눌 수 있어야 한다. 고객으로부터 시달림을 받아 힘들어하는 사람에게 "그냥

재수 없는 날이라고 생각해"와 같은 말은 스트레스 해소에 전혀 도움이 되지 않는다. 고객이나 동료에 대한 비난과 같은 부정적인 평가가 들어 있는 대화는 대화를 나눌수록 상대에 관한 부정적인 경험이 머릿속에 뚜렷하게 각인되면서 감정이 격앙되기 때문에 이런 방식의 대화는 피해야 한다.

건강한 대화를 위해서는 감정을 진정시키고 자신을 돌보도록 도와줄 사람이 필요하다. 이런 사람이 주변에 많을수록 필요할 때마다 도움을 쉽게 받을 수 있어 평상심을 유지하기 수월해진다. 반면, 건강한 대화를 나눌 대상이 없는 사람은 혼자서 속앓이하거나 잘못된 방법으로 문제해결을 시도함으로써 상황을 악화시키거나 사건수습을 어렵게 만들 수도 있다. 그러므로 자신의 문제해결에 건강한 도움을 줄 수 있는 사람의 수를 늘리는 것은 스트레스 수준을 낮추거나 해소하는 데 대단히 중요하다.

다음 방법은 동료나 지인의 스트레스 해소를 위해 일상에서 활용할 수 있는 방법이다.

(1) 휴식을 취하게 한다

피로와 스트레스 해소를 위해서는 충분한 휴식이 필요하다. 일부 감정노동자 중에는 자신의 상태를 제대로 파악하지 못하거나 급여를 받기 위해 휴식을 거부하는 사람도 있으므로 조심스럽게 접근할 필요가 있다.

(2) 상대의 말을 잘 들어준다

마음이 아픈 사람에게는 자기 말을 들어주는 사람이 있다고 아는 것만으로 마음이 가벼워질 수 있다. 감정노동자의 말을 들으면서 충고나 설교를 하면 오히려 역효과를 낳을 수 있으므로 주의해야 한다. 또한, 감정노동자의 말을 들으면서 함께 흥분하거나 화를 내면 감정노동자의 감정을 격앙시켜 스트레스를 악화시키는 원인이 된다.

스트레스 해소를 위해 말을 그저 잘 들어주는 것만으로도 충분하다. '그저 잘 들어준다'라는 의미는 감정노동자가 말을 하면서 화를 내는 등 감정적인 반응을 보이더라도 차분하게 감정노동자의 마음을 이해하면서 감정노동자의 말에 귀를 기울여주라는 의미다.

(3) 대화 내용은 다른 사람에게 말하지 않는다

누구나 다른 사람에게 자신의 비밀을 말하기 꺼린다. 비밀을 말했을 때 상대의 반응에 대한 확신이 없어 주저하기도 하고, 자신의 비밀을 많은 사람이 알게 될 수도 있다는 두려움으로 인해 상대에게 문제를 솔직하게 털어놓고 적극적으로 해결하려고 하기보다는 혼자서 조용히 처리하려고 하는 경우가 많다.

어려움이 있는 사람은 믿을 수 있는 사람에게 호소한다. 감정노동자가 '저 사람이라면 나의 비밀을 지켜주겠다'라고 생각하는 사람에게 어렵게 도움을 요청한다. 감정노동자는 이 사람이 자기 비밀을 다른 사람에게 퍼트리면 배신감을 느끼면서 사람에 대한 실망감은 커질 것이다. 이로 인해 감정노동자는 자기 주변에는 믿을 수 있는 사람이 없다고 생각하면서 다른 사람에게 마음의 문을 더 이상 열지 않겠다고 결심한다. 이로 인해 주변 사람과 단절되고 고립되면서 더 힘들어진다.

감정노동자가 자신에게 고민을 얘기하면 자신을 믿는다는 의미다. 그러므로 힘들어하는 감정노동자와 대화하거나 조언을 줄 때는 "비밀을 지키겠다"라는 약속을 하고, 대화가 끝나면 그 약속을 반드시 지켜야 한다.

(4) 술은 해결 능력을 떨어뜨린다

감정노동자가 힘들어하면 "한잔하면서 잊어버려"라고 말하는 사람이 있다. 대화하면서 즐거운 기분을 느끼기 위한 목적이라면 가벼운 음주는 도움이 된다. 하지만 마음속에 담겨 있던 고객에 대한 불평이나 불만을 위해 술을 마시기 시작하면 시간이 흐를수록 감정이 격앙되고, 평소보다 더 많은 술을 마시게 된다.

술은 상황을 악화시키는 원인이 될 수 있다. 술 마시기를 좋아하는 사람은 "술을 먹는 동안 고민을 잊을 수 있다"라고 주장하지만, 술을 마시는 동안 감정이 가라앉기는커녕 더 격화될 가능성이 있다. 이처럼 술은 스트레스 원인을 제거하기보다는 상황을 더 심각하게 할 수 있다.

술은 고객과의 관계도 멀어지게 한다. 감정노동자가 술을 마실수록 감정이 격앙되면서 자신은 '착한 사람'으로, 자신을 힘들게 만드는 고객은 '나쁜 사람'으로 구분하고 나쁜 사람인 고객을 비난하고 다양한 방법으로 고객을 벌하는 상상을 하면서 심리적인 위안을 얻는다. 하지만 술이 깨고 나면 자신이 꿈꾸던 세상과 너무나 다른 현실을 깨닫게 되면 술을 마시기 전보다 더 큰 상실감과 무력함을 느끼게 된다.

감정노동자는 자신에게 도움이 되는 사람을 만날 필요가 있다. 감정노동자는 동료, 관련 분야의 전문가를 만나 자신이 직면한 문제를 해결하거나 스트레스 해소 방법을 위한 조언을 구할 수도 있지만 가장 자주 만나야 하는 사람은 고객이다. 고객과 만나는 것이 두렵고 불편할 수도 있지만, 다양한 고객을 만나면서 진실한 대화를 하면서 고객과의 만남이 거듭될수록 서로에 대한 이해가 깊어지면서 관계도 좋아지고 스트레스 해소에도 도움이 된다.

문제 해결과 스트레스 해소의 키는 감정노동자가 가지고 있다. 감정노동자가 고객을 피하는 동안 고객의 불만은 제품에서 감정노동자의 태도로 사건이 확대되면서 감정노동자가 해결해야 하는 문제는 커지고 스트레스 수준도 높아진다.

따라서 이런 것들을 생산적으로 해결하기 위해서는 술 대신 고객을 자주 만나 고객이 원하는 것을 얻을 수 있도록 정성껏 돕고, 고객의 불만 사항을 가능한 빨리 해소하려는 노력이 감정노동자가 적은 비용으로 자신을 보호하는 방법이다.

(5) 중요한 의사결정은 보류한다

스트레스가 심할수록 문제해결 능력은 떨어진다. 스트레스는 이성적인 판단을 마비시켜 문제해결을 돕기보다는 악화시키는 경우가 많다. 이런 부작용을 줄이고 문제를 건설적으로 해결하기 위해서는 여러 사람의 의견을 듣고 난 다음 결정할 필요가 있다.

스트레스 상황에서 공격을 받게 되면 비관적으로 되거나 의욕이 떨어진다. 이때 퇴직, 이혼, 이사 등 인생의 중대한 사건이 발생하면 정상적인 판단이 어려워진다. "지금은 피곤하므로 몸 상태가 좋아지면 결정하겠다"라고 상대에게 양해를 구하고 결정은 몸이 회복된 뒤로 미룰 필요가 있다.

(6) 전문가에게 상담을 권유한다

스트레스가 심하면 전문가의 도움이 필요할 수 있다. 스트레스 수준이 높거나 충격의 강도가 강할수록 동료의 도움만으로 해결하는 데 한계가 있다. 이럴 때는 전문가의 진료나 상담이 필요하다. 가족의 도움도 필요하므로 도움을 줄 방법을 주변 사람들이 함께 찾을 필요가 있다.

2

분노에 대처하는
슬기로운 방법을 익히자

감정노동자는 언제 분노를 느끼는가?

분노는 자신의 목적이 달성되지 못했을 때 나타나는 격앙된 감정이다. 분노는 바라는 결과와 기대를 방해하는 사람에게 표출하는 공격적인 반응으로, 자신이 원하는 결과를 얻지 못하게 방해하는 사람을 '적'으로 간주한다.

분노는 상대를 공격하게 만든다. 분노하게 되면 상대를 공격하기 위해 혈중 아드레날린이 증가하고 심장박동수가 높아지는 등 상대를 공격하기 위한 생리적, 신체적 반응을 동반한다. 상대 또한 공격을 방어하거나 반격하게 되면서 상황이 악화한다.

감정노동자가 분노하는 경우는 대부분 '존중과 인정'을 받지 못할 때다. 즉, 고객이나 동료로부터 존중받지 못하거나 자신의 역할에 대해 인정받지 못할 때 일어난다.

분노에 대처하는 방법을 익히자

분노와 같이 격앙된 감정은 상대의 태도나 요구가 무례할 때 발생하기 쉽다. 상대가 무리한 요구를 하면 감정이 격앙되면서 상대를 적으로 인식한다. 감정이 이성을 지배할 때 건설적인 대화는 어려워진다. 이런 상태에서는 대화하더라도 상대를 비난하는 내용이 될 가능성이 크기 때문에 서로에게 도움이 되는 결과를 얻기란 불가능에 가깝다.

분노는 전염병처럼 주변 사람에게도 감염된다. 감정노동자와 고객의 다툼에서 시작된 언쟁이 어느새 감정노동자의 동료와 고객의 지인까지 합세한 언쟁으로 번지는 경우가 있다. 고객과 감정노동자의 다툼을 말려야 하는 사람들이 언쟁에 합류하면 관련된 사람의 수도 많아지고 다툼의 강도도 더 세지기 때문에 해결은 더욱 어렵게 된다.

이런 문제를 방지하기 위해 감정노동자는 자신의 상태를 수시로 파악해야 한다. 자신에게 보복하려는 운전자가 있는 경우 자동차

운행을 멈추거나 상대를 피해 다른 길로 가면 별다른 충돌 없이 상황이 마무리되는 것처럼 감정노동자가 자신의 상태를 제대로 파악하면 상황의 악화를 막을 수 있게 된다. 그러므로 감정노동자는 자기 행동에 영향을 미치는 분노의 수준을 교통 신호등에 비교하면서 파악할 필요가 있다.

[분노의 수준에 따른 신호]

구분	내용
청색 신호	자신의 감정상태를 알고, 의식적인 조절이 가능하다.
황색 신호	아직은 참을 수 있지만, 오랫동안 참기는 어렵다.
적색 신호	모든 행동을 조절하기 어렵다. 말하지 않아도 될 내용까지도 말한다. 목소리도 평소보다 커진다.

사고를 예방하기 위해서는 신호등의 지시에 따라야 한다. 적색 신호에 이를 정도가 되면 자신의 의도대로 행동을 제어하기 어렵다. 하지 말아야 할 실수를 반복하게 되며, 분노를 가라앉히기 위해서는 큰 노력과 많은 시간이 필요하다. 그러므로 행동에 대한 억제 효과가 어느 정도 남아 있는 황색 신호에서 자신의 기분을 차분하게 가라앉힐 필요가 있다.

효과적인 감정 조절 방법을 익히자

　업무나 휴식 중에 감정을 조절하는 방법을 익힐 필요가 있다. 감정노동자가 휴식 등을 통해 분노를 조절할 수 있다면, 감정노동자가 선택할 수 있는 행동의 폭이 다양해질 수 있다. 감정노동자는 가능한 범위 안에서 적절한 휴식을 취하고, 상대와 언쟁을 벌인 그 장소에서 벗어나 마음의 여유를 찾을 필요가 있다.

[감정 조절 방법]

업무 중에 가능한 방법	휴식 중에 가능한 방법
심호흡을 한다. 코로 숨을 깊게 들이마시고 입으로 천천히 숨을 뱉어낸다. 3~4회 반복한다.	편안한 사람에게 전화를 하고, 조용한 장소에서 차를 마시는 등 다른 활동을 한다.
머릿속에서 숫자를 센다. 업무에 몰입하기 위해서는 20부터 1까지 거꾸로 센다.	화장실 변기에 앉아 마음을 차분하게 만드는 음악을 듣는다.
정말로 원하는 결과가 무엇인지 생각한다.	심호흡을 반복하고 마음에 드는 스트레칭을 한다.
일시적으로 화제를 바꾼다.	잠깐 침묵하고 감정적일 때의 위험을 예측한다.
고객에게 실례가 되지 않는 범위 안에서 가급적 편한 자세를 취한다.	고객과 합의에 이르지 못해도 좋다면 다른 선택지에 대해서도 생각해본다.
고객의 공격적인 언행에 직접 반응하지 말고 고객의 말을 공이라 생각하고 뒤에 있는 벽에다 던지는 모습을 그려본다.	어쨌든 활짝 웃어보라. 표정을 움직이는 것으로도 감정에 변화가 생긴다.
자신의 마음에 드는 장소, 편안한 장소를 상상해본다.	잠깐 마음을 가볍게 하고 약간 빠르고 편안하게 걷는다.

감정을 조절하기 위해 가장 필요한 것은 '일시 정지'다. '참을 인(忍)자가 셋이면 살인도 면한다'라는 속담처럼 감정이 격앙된다고 인식하는 순간 잠깐의 멈춤이 필요하다. 앞의 방법은 감정의 격앙을 멈추기 위한 여러 가지 방법이다. 이 중 가장 편한 방법을 몇 가지 선택해 수시로 활용하자. 아마도 일상생활이 한결 편안해지는 것을 느낄 것이다.

감정의 소용돌이를 잠재우자

저자가 학창 시절에 경험한 체벌 중에서 가장 잔인하다고 생각했던 것은 '서로의 뺨 때리기'다. 지금도 드라마나 영화 장면에서 간혹 볼 수 있다. 수업 시간이나 쉬는 시간에 학생들이 장난을 치다 걸리면, 선생님은 두 학생을 교탁 쪽으로 불러서 마주 보게 하고는 "서로 잘못했으니 벌을 받아야 한다"라고 말씀하시면서 서로의 뺨을 때리라고 한다. 아무리 선생님이 시킨 일이지만, 친한 친구의 뺨을 때릴 마음이 없어 주저하면 어김없이 선생님이 두 사람 중 한 사람의 팔을 들어 상대의 뺨을 때리게 만든다. 비록 친구가 자발적으로 때린 것은 아니지만, 뺨을 맞은 상대는 억울하고 선생님이 무섭기도 해 마지못해 친구의 뺨을 때리게 된다. 이렇게 여러 번 반복하게 되면 그다음부터는 선생님이 시키지 않아도 자동으로 친한 친구의 뺨을 내가 맞은 것보다 더 아프게 때린다.

뺨 때리기의 후유증은 너무나 크다. 처음엔 서로 '어떻게 내가 친구를 때려?' 하며 주저하지만, 그것도 잠시 선생님의 명령에 서로 한두 대씩 때리고 맞다 보면 서서히 화가 나면서 '더 이상 못 참겠다. 어디 너도 한번 당해봐라'라는 오기가 생긴다. 그러면 친구를 더 세게 때리게 되면서 잔잔하던 감정의 흐름이 격해진다. 저자의 친구 중에는 이때 생긴 적대감으로 인해 서로 뺨을 때렸던 친구와 지금까지 말을 하지 않고 지내는 사람도 있다.

이처럼 어떤 계기로 인해 감정이 격앙되면 그 감정을 잠재우기가 쉽지 않다. 그러므로 감정의 소용돌이에 빠지면 될 수 있으면 빨리 벗어날 방법을 찾아야 한다. 그러기 위해서는 어떤 사건이 일어났을 때 자신이 어떤 방식으로 반응하는지를 알게 되면 감정의 소용돌이에서 벗어나기가 쉬워진다.

스스로 생각해 자신의 감정에 변화가 생기고 있다고 느낄 때 다음의 방법 중에서 가장 적절하고 효과적인 방법을 선택해보자. 처음에는 따라 하기가 어려울 수도 있지만 몇 번 반복하다 보면 이런 방법들이 몸에 익어 쉽게 활용할 수 있다.

(1) 감정의 소용돌이 1단계 : 긴장이 된다

불만이 있는 고객을 맞이하거나 무서운 장면을 떠올리면 긴장이 시작되면서 심리적·육체적으로 여러 가지 변화가 생긴다. 가슴이 답답해지고, 호흡이 가빠지면서 맥박수는 점점 높아지고, 몸에서는 열도 나는 등 스트레스 상황이 된다. 이때 상대로부터 공격적인 말이나 행동으로 자극을 받게 되면 어떤 형태로든 반격하게 된다.

이렇게 긴장을 느낄 때는 다음과 같은 질문을 스스로 할 필요가 있다.

'지금 내가 나에게 무어라 말하고 있지?'
'지금 내가 무엇을 원하고 있는 거지?'
'지금 내가 하려는 행동이 나에게 도움이 될까?'
'내가 지금 하고 싶은 행동을 하고 나면 그 끝은 어떻게 될까?'

이런 질문에 대한 답을 스스로 찾게 되면 조금씩 마음이 진정된다. 하지만 조금 진정이 됐다고 성급하게 행동으로 옮기면 안 된다. 조금 더 시간을 가지고 자신의 마음을 차분하게 할 필요가 있다. 만약 이런 작업 후에도 감정이 가라앉지 않고 여전히 불안하고 화가 난다면 다음 단계로 넘어간다.

(2) 감정의 소용돌이 2단계 : 화가 나거나 불안하다

지인이 가족과 함께 외식하던 중에 있었던 일이다. 옆 테이블에서 조용히 식사하던 사람이 갑자기 화를 내면서 다른 동료와 시비가 붙었다. 동료들이 아무리 말려도 이 사람의 목소리는 점점 더 커졌다. 겨우 수습하기는 했지만, 동료들은 이 사람의 이런 과격한 행동을 처음 목격했는지 서로 얼굴만 쳐다볼 뿐 한동안 아무런 말을 못 했다.

이처럼 얌전하던 사람이 감정에 휩싸이면 평소와 다른 과격한 행동을 보이곤 한다. 이렇게 행동하는 사람의 머릿속에서는 '차분하게 말로 해야'와 같은 이성적이고 합리적인 판단이 아니라 '어떻게 해야 저 사람을 혼내줄 수 있을까?'라는 생각뿐이다. 이렇다 보니 결과야 어떻든 지금 상대를 혼내주는 일이 가장 시급한 일이 되면서 서로의 몸과 마음에 큰 상처를 주게 되는 것이다.

자신이 느끼기에 화가 나거나 불만을 느끼게 되면 일단 하던 행동을 멈추는 것이 중요하다. 감정이 격앙된 상태에서는 합리적인 판단이 어려워 행동을 하면 할수록 문제를 더 크게 만들 가능성이 크기 때문이다.

'진실은 무엇일까?'
'왜 이런 문제가 생겼을까?'
'도대체 무슨 일이 있었던 거야?'

이런 질문을 통해 화를 내는 몇 가지 가능성에 대해 스스로 검토할 수 있는 시간을 가질 필요가 있다. 이렇게 되면 문제해결을 담당하는 대뇌 피질에서 훨씬 더 이성적이고 합리적으로 문제를 해결할 수 있게 된다.

고객을 대할 때도 마찬가지다. 고객의 표정이 굳어지거나 화를 낼 때도 표정이 바뀌거나 화를 낼 만한 모든 이유를 추측해본다. 이렇게 추측하면서 고객의 마음이 어느 정도 진정됐다고 생각될 때 직접 그 이유를 물어 자신의 추측이 맞았는지 확인하면 짧은 시간에 상당히 큰 효과를 볼 수 있다. 이런 방법은 상대의 행동에 대해 반사적으로 반응하지 않고 충분한 검토를 한 다음 반응하게 만들어 분쟁의 소용돌이를 만드는 감정의 크기를 줄여주는 효과가 있다.

(3) 감정의 소용돌이 3단계 : 자신에게 묻는다

어느 정도 마음이 차분해진 것을 느끼면 아래와 같은 질문을 자신에게 던져본다.

'내가 객관적인 사실에 근거해 반응하는 걸까?'
'문제해결을 위한 합리적인 방법은 무엇일까?'
'현실적인 방법은 무엇일까?'

이런 질문들은 나를 압박하거나 협박한다고 생각해 문제해결을 더 어렵게 만들 수 있는 감정의 격화를 방지하는 효과가 있다.

(4) 감정의 소용돌이 4단계 : '적어도 …은 아니다'라고 생각한다

'저 고객이 내 서비스가 마음에 안 든다고 평점 테러를 하면 어쩌지?'

'내가 이 문제를 제대로 해결하지 못하면 본사에서 나에게 불이익을 줄 거야.'

'부장이 날 싫어하면 승진에서 누락될 게 틀림없어.'

상황을 이렇게 부정적으로 바라보기 시작하면 부정적인 생각이 꼬리에 꼬리를 물게 된다. 이런 부정적인 생각들은 불안과 공포심을 느끼게 만든다. 불안을 느끼게 되면 외부로부터의 위험을 사실보다 과장해서 인식하게 되고, 자신의 문제해결 능력을 상대적으로 과소평가하게 된다. 이런 과정이 반복되면서 위험이 과대평가 되는 악순환이 생긴다.

따라서 불안을 느끼게 되면 '적어도 …은 아니다'라는 문구를 사용해 위험이 과대평가 되는 것을 막아야 한다.

'평점 테러를 당하겠지만 적어도 망하는 것은 아니다.'

'프랜차이즈 본사에서 나에게 불이익을 주겠지만, 적어도 계약 해지는 아니야.'

'승진에서는 탈락하겠지만, 적어도 회사를 그만두는 건 아니야.'

이렇게 생각을 바꾸면 감정의 격앙을 막고 불안의 함정에서 빠져나올 수 있는 계기가 만들어진다. 이때부터 '앞으로 내가 할 수 있는 것이 무엇일까?'에 대한 답을 찾으면 된다.

(5) 감정의 소용돌이 5단계 : 나를 위한 보호막을 만든다

초보운전자들이 호소하는 어려움 중 하나는 차선 변경이다. 초보 스티커를 붙인 차가 차선을 바꾸기 위해 방향 표시등을 켜면 다른 차들이 양보하지 않기 때문에 어려움을 겪는다. 일부 운전자 중에는 '초보운전'이라는 표시가 붙어 있는 차를 발견하면 차선을 바꾸거나 언제든지 클랙슨을 울릴 준비를 한다. 초보운전자에게 이런 반응을 보이는 이유는 운전자들이 '저 차가 앞에 있으면 내가 운전하는 데 불편해질 거야'라고 부정적으로 생각하기 때문이다.

뇌는 자신이 의도하는 대로 움직인다. 업무에서 실수가 많은 직원을 보노라면 미흡한 행동이 먼저 보이고, 같이 지각하더라도 평소 지각이 잦은 직원이 먼저 눈에 띈다. 이런 반응을 보이는 이유는 뇌에 '저 사람으로부터 ○○(비난거리)를 찾아라'라는 명령을 내렸고, 뇌는 충실하게 그 명령에 따랐기 때문이다.

미운털이 박힌 사람을 공격하겠다고 마음먹는 순간부터 공격거리는 얼마든지 찾을 수 있다. 공격 대상의 행동뿐 아니라 말투, 옷, 머리 모양 등도 공격의 대상이 된다. 상대도 나에 대해 똑같은 작업을 하게 된다. 이렇게 수집된 정보가 많으면 많을수록 서로를 향한 공격의 강도는 강해지고, 결과적으로 서로에게 씻을 수 없는 상처만 남기게 된다.

이런 상황을 효과적으로 극복하기 위해서는 내가 다른 사람이 만들어 놓은 함정에 빠지기보다는 자신을 보호할 수 있는 보호막을 스스로 만들 필요가 있다. 나를 비난하고 힘들게 하는 사람을 생각하기보다는 나를 존중하고 내 능력을 믿어주는 사람을, 나를 공격하는 고객보다는 내 친절 서비스에 감사하는 고객에게 초점을 맞추면 마음속에 평화가 찾아오게 된다.

(6) 생산적인 결과를 선택하는 한 문장

급할 때 전화를 하면 전화가 연결될 때까지 걸리는 시간이 무척 길게 느껴진다. 이럴 때는 마음이 초조해지면서 '왜 이렇게 전화를 받지 않아?'라는 생각에 짜증이 나게 된다. 그러다가 전화가 연결되면 전화를 받은 사람에게 짜증이나 화부터 내는 경우가 종종 있다. 전화를 받는 사람은 전화를 건 사람이 다짜고짜 짜증이나 화를 내면 어이가 없고 황당하다. 자신이 특별히 잘못한 일도 없는 것 같은데 짜증을 부리면 누가 좋아하겠는가? 이렇게 되면 전화한 목적 대신 엉뚱한 것으로 시비가 붙으면서 관계가 나빠져 원하는 결과를 얻지 못하게 된다.

감정의 소용돌이가 깊으면 깊을수록 빠져나오기가 점점 어렵기에 가능하면 감정의 소용돌이에 말려들지 않는 것이 제일 나은 방

법이다. 감정에 변화가 생길 때 자신에게 다음의 문장을 사용하면
효과가 있다.

　'나는 감정의 소용돌이에 빠지거나 생산적인 결과를 얻을 수 있
다. 어떤 것을 선택할까?'

3

비난의 고리를 끊어라

몇 년 전 선배의 딸이 교통사고를 당했다. 외동딸이라 가족들이 애지중지 키웠는데 교통사고를 당했으니 선배 가족이 얼마나 많이 걱정했겠는가? 그런데도 선배는 아무 조건 없이 사고를 낸 운전자와 합의했다. 저자가 그렇게 쉽게 합의한 이유를 물었더니 "나도 몇 년 전에 똑같은 사고를 냈을 때 다른 사람으로부터 용서를 받았다. 나도 그렇게 하는 것이 도리인 것 같았다"라고 말하는 것이었다.

많은 사람이 '상호주의' 또는 '상호성'이란 용어에는 익숙하지는 않지만 거의 모든 사람이 이 원칙을 가지고 생활하고 있다. 상호성은 상대의 행동에 대응되는 행동을 하려는 성향으로 소리 없이 성공, 인간관계, 어려움을 회복하는 데 영향을 미친다. 나의 행동이 마중물이 되어 자신에게 돌아오는 수천 가지의 상호 행동의 대상이 된다. 이런 행동의 교환은 평생 일어난다.

미국의 심리학자 존 가트맨(John Gottman) 박사는 20년 이상 그의 연구실에서 상호성을 연구했다. 가트맨 박사는 극히 민감한 자기들의 문제에 대해 서로 의견을 나누는 부부들의 생체반응에 대한 자료를 수집해 격렬한 대화의 결과를 96%의 정확성으로 예측할 수 있었다. 만일 말을 꺼내는 사람이 상대에게 상처를 주는 말로 시작하면 그 말을 듣는 상대도 96%의 가능성으로 자신에게 말을 한 사람에게 반격한다. 인정과 애정을 가지고 따뜻한 말로 시작하게 되면 그 말을 듣는 사람 역시 그런 기분의 대화를 이어간다. 여기에서 단지 4%의 사람만이 상대의 감정과 반대의 감정을 가지고 대화를 했다.

이 실험은 비난, 모략중상, 경멸과 조롱이 자기 파괴적이 되는 것을 보여준다. 감정노동자가 이런 감정을 가지고 대화를 하면 상대는 감정노동자의 행동을 따라 한다. 감정노동자는 상대에 대해 자신이 가졌던 최악의 공포가 확인됐을 때 급격한 화와 울분을 경험한다. 그러나 감정노동자가 이런 반응을 보이면 문제 해결을 지연시키거나 해결 기회를 없애버리는 결과를 가져온다.

많은 사람이 상호성을 이해하고 나면 모든 조직, 직장, 사회에서 어김없이 작동한다는 것을 알 수 있다. 저자가 만난 사람 대부분은 이런 상호성에 대한 설명을 듣고 자신이 상대에게 부정적인 생각을 갖게 된 이유를 이해했다. 그들은 어려운 상황에 대한 자신들의 관점을 변화시킴으로써 결과를 변화시킬 수 있다는 것 또한 깨달았다.

감정은 드러난다

상대에 대한 감정은 어떤 식으로든 드러난다. 사람들은 개인적인 만남이나 동창회, 가족 모임 등에서 자신의 따뜻한 마음을 쉽게 드러낸다. 반면 모임에 대해 부정적으로 여길 때 느끼는 우월감, 경멸, 냉정 등의 감정은 모임에 참석한 사람들에게 들키지 않고 숨길 수 있다고 생각한다. 그러나 자신의 바람과는 달리 상대에 대한 적대적인 감정은 어떤 형태로든 나타난다.

'감정'이나 '신체 반응'은 내가 마음먹은 대로 되지 않는다. 앞에서 설명한 '상호성'도 이런 경우에 속한다. 자신이 말을 거는 순간 상대의 표정에 변화가 생기면 자신도 그 영향을 받게 된다. 상대를 보면서 친근함을 느끼고 있을 때 상대가 말을 걸어오면 얼굴에 미소가 번지게 된다. 이와는 달리 상대에게 적대감을 느낄 때는 표정이 자신도 모르는 사이 굳어지는 것을 경험한 사람이 많다. 자신이 적대적이거나 안전하지 못하다고 느낄 때, 자신은 이런 감정들과 소통하는 것이다.

비난의 고리를 끊었을 때 유익한 점들

(1) 감정적인 백치 상태를 피할 수 있다

상대에게 관심을 두고 상대의 행동을 궁금해하는 습관이 효과적으로 문제를 해결할 수 있게 만드는 핵심이다. 비록 감춰져 있어 겉으로 드러나지는 않았지만 타당한 이유가 있는 동료, 가족과 낯선 사람들에게 소리를 지르고 비꼬고 경멸하는 자신을 보면서 스스로 바보라고 자책하지는 않을 것이다. 심장박동이 분당 100회를 넘으면 상대의 말을 들으려고 해도 제대로 들을 수가 없다는 가트맨 박사의 연구 결과에 주목하자.

(2) 건강과 회복력이 향상한다

감정이 격화되는 횟수를 줄이면 심장 관련 질환과 코르티솔의 과잉 생산의 위험으로부터 자신을 보호할 수 있다. 코르티솔은 감정이 진정되는 것을 가로막고, 노화를 촉진하며, 심장과 연결된 세포를 손상하는 것과 관련된 호르몬이다.

(3) 긍정적 상호성이 발생한다

오랜 세월 동안 다른 사람과 어투, 눈 맞춤과 행동 등으로 관계를 맺어왔다. 내가 만든 상호성은 부정적, 중립적 또는 긍정적일 것이다. 내 행동에 마지막으로 영향을 받는 사람은 자신이기 때문에 다른 사람과 긍정적인 관계를 맺을 때 가장 큰 이득을 얻는 사람은 나 자신이 된다.

(4) 다른 사람들이 나를 원한다

목표를 향해 나아갈 수 있고, 문제해결에 도움을 줄 수 있는 사람들로부터 도움을 받을 수 있는 내 능력이 문제를 해결해줄 것이고, 이런 능력들은 동료들로부터 신뢰를 얻게 한다. 내가 다른 사람과 함께 문제를 해결하고 발전할 수 있는 능력과 기술은 이미 가지고 있다. 다만 내가 그런 능력을 발견하려고 노력을 하지 않았거나 내가 미처 찾지 못했을 뿐이다.

(5) 신뢰받는 지도자로 거듭날 수 있다

비난을 계속하면 비난이 습관이 된다. 이렇게 되면 다른 사람들이 나를 꺼려 자연스럽게 '왕따'가 될 것이고, 다른 사람들의 이런 행동을 보면서 더 냉소적이고 무지하고 편협하게 변할 것이다. 이런 상황이 계속되면 비난이나 불신으로 가득 찬 막다른 골목에 도달하게 될 것이다. 만약 직원이 비난을 통해 자신들의 책임을 회피하려는 시도를 사장이 방치한다면 직원들은 사장이 이런 행동을 계속하도록 부추길 것이다.

반대로 좌절에 대한 반응이 비난 대신 호기심, 관심 그리고 열정으로 이뤄진다면 사장은 효과적이고 진실하고, 믿음직스럽고 강력한 해결사로서의 평판을 유지하게 될 것이다. 조직은 이런 사람을 필요로 하고 성장을 장려한다.

긍정의 에너지는 좌절을 완화한다. 우리는 사람들 간 상호작용의 톱니바퀴에 윤활유를 치기 위해 긍정의 에너지를 사용할 수 있다. 그것은 우리의 직업적 안정, 인간관계, 그리고 나의 심장에 유익하다. 긍정의 에너지는 모든 상호작용, 기회, 도전의 질을 결정한다. 긍정의 에너지는 자신, 동료, 직원, 가족과 사랑하는 사람들에게 줄 수 있는 최고의 선물이다.

4

행동과 마음 채널을 바꾸자

감정 목표를 세운다

감정이나 기분도 '목표' 설정이 가능하다. 목표는 성적이나 성과와 같이 눈에 보이는 결과에 대해서만 필요하다고 생각하기 쉽지만, 눈에 보이지 않는 감정이나 기분에 대해서도 목표를 설정할 수 있다. 아침에 눈을 뜨는 순간부터 저녁에 잠들기 전까지 시간대를 정하고 현재의 기분과 원하는 기분 그리고 원하는 기분을 느끼기 위해 가능한 행동들을 적어보고 실천하는 것이다.

필요하면 다음의 표를 만들어 활용할 수 있다.

구분	내용
현재의 기분은?	
원하는 기분은?	
원하는 기분을 느끼기 위해 가능한 선택들은?	• • • • •

목표는 달성 여부와 달성 정도를 합리적이고 구체적으로 설정해야 한다. '오늘 하루를 잘 지내겠다' 또는 '화를 덜 내겠다'와 같은 막연한 문장은 결심이지 목표는 아니다. 자신이 무엇을 추구하는지 상세하고 구체적으로 적어야 한다. '고객을 보면 반가운 목소리로 인사하고 웃으면서 자리로 안내한다' 또는 '일을 처음 시작했을 때와 같이 고객을 만날 때마다 감사한 마음을 느끼면서 반갑게 인사하자'와 같이 원하는 기분과 그 기분을 느끼기 위한 행동이 포함된 문장이라야 구체적인 목표가 된다.

설정한 목표는 자신에게 기쁨과 충만함을 주어야 한다. 목표를 달성하기 위해 자신이 무언가를 희생해야 한다는 생각이 들어서는 안 된다. 회의시간에 동료의 아이디어에 대해 피드백을 하면서 동료와의 관계가 나빠질 수 있다는 걱정이나 억지로 보이는 친절은 자신에게 기쁨이나 충만함과는 거리가 멀기 때문에 감정 목표로 적합하지 않다.

목표달성 과정이 너무 힘들거나 괴롭다는 느낌은 목표달성에 도움되지 않는다. 앞에서 시간대를 정하라고 한 이유도 '온종일'보다는 '오전', '오전'보다는 '10시까지'와 같이 목표 구간이 좁을수록 목표를 달성할 가능성이 커진다. 이와 함께 목표를 달성했을 때 자신에게 얼마나 좋은 변화를 가져올지, 성취했을 때 어떤 기분을 느낄 수 있을 것인지에 대해 집중하면서 스스로 목표달성에 대한 동기를 강화할 필요가 있다.

감정 목표설정은 익숙하지 않을 뿐 어렵지는 않다. 자신이 원하는 기분을 느꼈을 때 자기 행동이 어떻게 변화할지를 상상하는 것만으로도 기분의 변화를 예측할 수 있기 때문이다.

아래의 표는 감정 목표 예다. 내용을 참고해 자신에게 적합한 양식을 만들어 사용하면 된다.

[감정 목표 예]

구분	출근 전	오전	오후	퇴근 후
생각	고객은 나의 든든한 협력자다.	나는 고객을 돕는 사람이다.	고객은 나의 에너지 창고다.	고객의 협조로 보람 있는 하루를 보냈다.
감정	여유로움, 그리움	편안함, 친근함	즐거움, 활기	감사함, 행복함
행동	고객을 돕는 방법을 생각한다.	고객을 향해 반갑게 인사한다.	고객과 적극적으로 대화한다.	편안하게 휴식을 취하며 내일을 준비한다.

자문자답이 하루의 기분을 결정한다

질문하면 뇌는 질문에 대한 답을 찾게 된다. 감정노동자가 일을 시작하면서 '어제와 같은 고객을 만나면 어쩌지?'와 같은 걱정을 하면, 어제 만났던 고객이 떠오르면서 어제와 비슷한 불편한 기분을 느끼게 된다. 이처럼 자신에게 하는 질문 자체가 생각에 영향을 미치기 때문에 자신에게 어떤 질문을 하느냐에 따라 감정노동자의 행동과 기분이 달라질 수 있다.

질문은 생각의 방향을 정한다. 부정적인 질문을 하면 부정적인 답을 찾기 때문에 부정적인 질문은 힘들고 괴로운 이미지를 만들어낸다. 반대로 긍정적인 질문은 긍정적인 결과를 상상하도록 돕기 때문에 즐겁고 활기찬 이미지를 생각하게 한다. 이런 과정은 자신이 인식하지 못하는 사이에 이뤄진다.

질문의 효과를 높이기 위해서는 긍정적인 질문을 자신에게 던져야 한다. 자신에게 하는 질문은 무의식중에 일어나기 때문에 대부분 사람은 자신에게 하는 질문을 인식하지 못한다. 하지만 의도적으로 자신에게 하는 질문을 인식하려고 노력하면 어느 정도 파악할 수 있다. 이를 위해서는 '자신에게 어떤 질문을 하고 있는지' 수시로 정리하고 기록할 필요가 있다. 왜냐하면, 스스로 인식하지 못하면 질문을 수정하기 어렵기 때문이다.

아침에 일어나서 '오늘은 고객에게 어떤 도움을 줄 수 있을까?' 또는 '오늘은 어떤 즐거운 일이 있을까?'라는 질문을 던져보자. 아마도 다양한 이미지가 머릿속에 떠오르고 기분 좋은 느낌이 들면서 몸에서 활력이 솟아오를 것이다.

질문에 대한 답이 금방 떠오르지 않더라도 실망할 필요가 없다. 뇌는 오감을 통해 많은 정보를 받아들인다. '도움'과 '즐거운 일'에 대해 질문하면 뇌는 이와 관련된 정보에 대해서만 주의를 기울인다. 영화나 게임에 집중하면 옆에서 누가 부르는 소리를 듣지 못하는 경우도 이런 이유 때문이다. 이처럼 뇌는 '도움'과 '즐거운 일'에 대한 답을 찾을 때까지 주의를 기울이기 때문에 '도움'과 '즐거운 일'을 경험할 기회를 만들어준다.

이왕이면 자신에게 도움이 되는 질문을 하자. 이를 위해 지금부터라도 긍정적인 질문을 하는 습관을 들이면 동료나 고객에게 도움이 되는 결과를 얻을 수 있다.

다음은 긍정적인 결과를 얻기 위한 질문 사례다. 저녁에는 아침에 하는 질문을 다시 사용할 수도 있다.

아침에 하는 질문 리스트

- 이 순간 가장 소중한 것은 무엇인가?
- 가장 사랑하는 사람은 누구인가?
- 오늘 고객과 나누고 싶은 기분은 무엇인가?
- 고객에게서 듣고 싶은 말은 무엇인가?
- 감사하고 싶은 것은 무엇인가?
- 가장 자랑스러운 경험은 무엇인가?

저녁에 하는 질문 리스트

- 오늘 하루 누구에게 도움이 됐나?
- 오늘 하루 가장 유익한 경험은 무엇인가?

- 오늘 하루 나의 역할 중에서 자랑하고 싶은 것은?
- 오늘 하루 고객에게 어떤 도움을 주었는가?
- 오늘 고객한테서 들은 기분 좋은 말은 무엇인가?

기분 일기를 쓴다

일기 쓰기는 감정노동자에게 큰 도움이 될 수 있다. 감정노동자가 일기를 쓰는 시간은 하루를 돌아보면서 자기 말과 행동이 다른 사람에게 어떤 영향을 미쳤는지, 다른 사람의 말과 행동이 자신에게 어떤 영향을 미쳤는지 등을 기록하면서 차분하게 자신과 대화하는 시간이라고 할 수 있다.

일기 쓰기는 일상생활에서 일어나는 자극과 반응 사이에서 최적의 공간을 찾는 방법의 하나다. 자극이 올 때마다 반사적 반응으로 일관하는 사람은 그 문제들과 충돌할 뿐이다. 반사적 반응은 자신을 성장시키는 열매를 만드는 기회보다는 생채기로 가득한 쭉정이만 얻게 만들기 때문이다.

글쓰기 치료의 권위자인 제임스 페니베이커(James W. Pennebaker) 교수는 감정의 격동을 글로 쓰면 신체와 정신 건강이 현저히 좋아지며, 문제를 극복하려는 사람에게 도움이 될 방법을 제시한다는 사실을 알아냈다.

학자들은 글쓰기에 다음과 같은 효과가 있다고 주장한다.

- 면역 기능을 향상한다.
- 혈압, 근육 긴장, 피부 문제가 현저히 감소한다.
- 고혈압, 만성질환, 천식, 류머티즘성 관절염, 스트레스, 암의 육체적인 증상이 감소한다.
- 우울 증상이 개선된다.
- 사회적인 관계가 개선된다.
- 사회적인 유대가 개선된다.
- 기억력이 향상되고 생각이 정리된다.
- 성장하고 행복해진다.

기분 일기도 일기와 같다. 자신이 오늘 하루 어떤 기분을 느꼈고, 그런 기분으로 인해 어떤 영향을 받았는지를 기록하는 것이다. 자신의 기분이 변해가는 과정을 점검하기 위해 매일 기록하는 것이 좋다. 기록한 일기를 매주, 매월 주기적으로 검토하면서 자신의 기분과 행동이 어떤 변화 과정을 거쳐왔는지 확인하고, 새로운 변화를 계획하거나 새로운 목표를 설정한다.

이렇게 일기를 쓰면 고객의 자극에 대한 반응의 패턴을 확인할 수 있다. 반응을 보이는 이유를 찾다 보면 특정한 반응을 보이는 원인을 알 수 있어 자신의 반응을 변화시킬 수 있다. 만약 큰소리를 내는 고객을 만나면 심하게 몸이 떨리고 공포를 느낀다면 과거 고객이나 주변 사람으로부터 심한 상처를 받았을 수도 있고, 성장 과정에서 유사한 상황을 경험했을 가능성이 있다. 일기를 쓰면서 원인을 확인했다면 치유할 방법을 찾으면 된다.

기분 일기를 쓰는 데 너무 많은 시간을 할애할 필요는 없다. 기분 일기에 많은 시간을 쓰면 부담을 느끼면서 일기 쓰기를 포기할 수 있으므로 5~10분 정도 가벼운 마음으로 하루를 정리할 필요가 있다. 퇴근길 버스나 지하철에서 할 수도 있고, 산책하면서 메모할 수도 있다.

기분 일기에 대한 보상은 에너지가 된다. 기분 일기를 쓰면서 목표가 달성됐거나 스스로 대견하게 느껴진다면 자신에게 보상한다. 목표달성 주기를 오전, 오후로 나누고 오전 보상은 점심을 먹으면서, 오후 보상은 저녁 시간에 한다면 일기 쓰기의 효과를 더욱 높일 수 있다. 이때 보상이 너무 과하면 그 부담감으로 지속적인 변화가 어려울 수 있으므로 부담을 느끼지 않을 정도로 보상하면 된다.

행동과 마음의 채널을 바꿔 어려움을 극복하라

감정노동자가 업무 중 경험하는 분노와 같은 부정적인 에너지를 긍정적인 결과로 만들기 위해서는 감정노동자의 노력이 필요하다. 감정노동자가 어떤 노력을 하느냐에 따라 더 큰 좌절을 경험할 수도 있고, 생산적인 결과를 얻을 수도 있다.

감정노동자가 좌절을 극복하기 위해서는 인고의 노력이 필요하다. 만약 좌절을 극복하기 위한 힘든 노력 대신 쉬운 방법을 택한다면 감정노동자의 삶은 더 황폐해져 시간이 지날수록 감당하기 어려워질 수도 있다.

감정노동자는 자신의 마음을 지배하면서 좌절하게 만드는 부정적인 생각을 물리치는 방법을 알 필요가 있다. 이런 방법들을 꾸준히 실천한다면 감정노동에서 경험하는 어려움을 극복하기 수월할 것이다.

(1) 차분한 음악을 듣는다

음악은 심리상태에 영향을 미친다. 미국의 하트매스연구소(HeartMath Institute)의 연구에 따르면 약 15분 동안 시끄러운 음악을 듣는 것만으로도 적대감, 피로, 긴장이 증가하고 정신이 흐려진다고 한다. 아침마다 시끄러운 음악을 듣는 사람은 자기 마음에 해롭고 부정적인 에너지가 들어오도록 부추기는 것과 같다.

만약 시끄러운 음악을 들으면서 출근했다면 직장에 도착했을 때는 이미 부정적인 에너지를 가득 품고 있다. 이런 상태에서는 외부의 조그만 자극에도 민감하게 반응하게 되면서 동료의 사소한 자극에도 과민하게 반응하거나 공격적인 태도를 보일 수 있다.

퇴근길도 출근할 때와 마찬가지다. 자극적인 음악을 들으면서 퇴근했다면 감정노동으로 인한 부정적인 에너지가 남아 있는 상태에서 음악으로 인해 만들어진 부정적인 에너지를 더해 집으로 가져가는 것과 같다. 이런 상태가 되면 평소보다 작은 자극에도 감정이 폭발하게 된다. 이로 인해 자신도 모르게 폭력적으로 되면서 가족 관계가 악화할 수 있다.

이와는 달리 출퇴근 시간에 차분한 음악을 들으면 마음을 가라앉혀준다. 이런 음악은 마음속에서 일어나는 부정적인 생각을 멈추게 하고, 긍정적인 에너지를 만들면서 활기찬 기분을 느끼게 한다.

(2) TV를 멀리하고 운동한다

막장 드라마와 같은 자극적인 방송을 보면 화가 나거나 불편한 기분이 마음에 남는다. 이런 방송은 시청자의 몸이나 마음 건강보다는 광고 수익과 관련된 시청률에만 관심이 있다. 드라마를 보는 동안 드라마의 주인공으로서 같이 화를 내고 슬퍼하기도 하지만 방송을 보고 나면 스트레스만 쌓이게 된다.

TV를 시청하면서 하루의 피곤을 풀려는 사람이 많다. 실제로는 시청하는 사람의 바람과는 달리 피로 해소는커녕 자신도 모르는 사이에 피로나 화와 같은 불편한 감정을 더 쌓는 결과가 된다. 그러므로 될 수 있는 대로 TV 시청을 자제하고, TV 시청 대신 운동과 같은 생산적인 활동이 피로에서 빨리 벗어날 방법이다.

운동은 기분을 즐겁게 만들어주는 가장 효과적인 방법의 하나다. 매일 부담 없이 가볍게 하는 방법을 찾아보자. 운동 동호회에 가입하거나 배우자나 아이들과 가볍게 산책을 한다면 활기차게 생활하는 데 많은 도움을 받을 수 있다.

(3) 자기 비난을 피하라

자기반성과 자기 비난은 다른 개념이다. 자기반성은 발전을 위한 기초작업이지만 자기 비난은 성장에 아무런 도움이 되지 않을 뿐 아니라 긍정적인 에너지를 빼앗기만 한다.

문제가 생겼을 때 자기반성은 필요하지만 자기 비난으로 연결되는 것은 전혀 바람직하지 않다. 자신을 비난하고 있다고 스스로 느끼는 순간 과감하게 생각을 멈추고 '어떤 행동이 나에게 도움이 되는지' 찾아보는 것이 현명한 행동이다.

(4) 봉사의 즐거움을 경험하라

일반적으로 사람들은 존재감을 느끼지 못할 때 좌절하게 된다. '나는 쓸모없는 사람이야'라는 생각이 들면 자신감이 사라지면서 에너지가 고갈된다. 이런 생각에서 벗어나려면 자신의 존재감과 성취감을 느낄 수 있는 활동이 필요한데 가장 손쉬운 방법이 봉사활동이다.

다른 사람을 위해 봉사활동을 하면 '아! 내 도움이 필요한 사람이 많이 있구나', '내가 다른 사람에게 도움을 줄 수 있네!'라는 생각을 하면서 자신감이나 존재감을 충분히 느낄 수 있다. 이와 함께 봉사하는 과정에서 성취감도 느낄 수 있고 몰입하는 기쁨도 경험할 수 있다.

봉사활동의 또 다른 장점은 일하는 태도의 변화다. 직장에서의 일은 상사나 고객의 지시에 따르는 수동적인 업무일 가능성이 크다. 예를 들어 레스토랑에 근무하는 감정노동자가 메뉴를 고르는 고객의 선택을 기다리면서 '이 고객에게는 이런 종류의 메뉴가 가장 적합한데…'라는 생각이 들더라도 고객이 요청하기 전에 "이 메뉴가 적당합니다"라고 먼저 말할 수 없다.

이와는 달리 봉사활동을 할 때는 능동적으로 자기 생각을 행동으로 옮길 기회가 많다. 봉사활동에 도움이 된다고 생각되면 스스로 계획하고 실천할 수 있기 때문이다. 이처럼 봉사활동은 업무에서의 수동적인 태도를 능동적으로 바꿀 기회가 된다.

(5) 건강한 대인관계를 형성하라

누구나 다른 사람과 건강한 대인관계를 형성하기를 원한다. 이런 관계를 통해 사랑, 웃음, 행복과 활력을 갈망한다. 주변 사람들로부터 지지를 받는 사람은 질병을 이겨내는 힘이 더 강하다는 많은 연구 결과처럼 동료의 지지는 긴장과 스트레스를 해소하는 자연 치유제다.

건강한 사람이 건강한 도움을 줄 수 있다. 잘 웃고, 남을 위해 시간을 할애하며, 오랜 우정을 즐기면서 살아가고, 곤란한 문제들도 차분하게 해결하는 사람들을 찾아 교제하자. 사람들로부터 건강한 삶의 지혜를 배울 수 있고, 함께하는 동안 많은 도움이 되기 때문이다. 이런 사람들과 함께하면서 익힌 지혜는 자신을 건강하게 만들고, 주변 사람에게 건강한 영향을 주는 기반이 된다.

(6) 뇌를 활성화하는 식습관을 만들라

자동차를 운행할 때 나쁜 연료를 사용하지 않는다. 질 나쁜 기름을 사용하면 차를 망가뜨리기 때문이다.

매일 섭취하는 음식도 마찬가지다. 활기차게 활동하려면 건강한 음식을 먹어야 한다. 간편식은 시간을 절약하는 데 도움이 될 수는 있지만, 우리 몸의 균형을 깨뜨려 건강에 문제를 일으킬 수 있다. 간편식을 먹었을 때 일어나는 문제는 다음과 같다.

① 간편식은 몸과 마음을 불편하게 만든다

지나치게 단 음식과 탄산음료 위주의 식습관은 저혈당을 유발할 수 있다. 당도가 높은 식품을 섭취하면 혈액 중 혈당치가 급격히 상승한다. 설탕과 같이 단 음식은 소장의 상부에서 흡수되어 포도당으로 변해 신속하게 흡수되기 때문이다. 혈당치가 높아지면 이를 낮추기 위해 인슐린이 많이 배출되면서 혈당치가 빠르게 떨어진다.

인슐린의 과다한 분비는 저혈당 상태에 빠지게 한다. 저혈당 상태가 되면 뇌에 공급하는 영양소와 포도당 공급에 장애가 생기면서 뇌에 충분한 영양물질이 공급되지 않아 뇌의 정상 활동이 어려워진다.

저혈당은 몸과 마음을 매우 불쾌하게 만든다. 저혈당에 빠진 사람은 불쾌하고 짜증스러운 상태에서 한시라도 빨리 빠져나오기 위해 혈당치를 높이려고 애쓰게 된다. 또 인슐린의 과잉 분비와 함께 아드레날린도 과잉 분비된다.

아드레날린은 스트레스 호르몬이다. 아드레날린은 스트레스를 받으면 뇌나 뼈대 근육 부분의 혈관을 확장시켜 근육이 스트레스에 잘 대처하도록 한다. 이와 함께 다른 부분의 혈관을 수축시켜 스트레스 반응과 직접 연관되지 않은 소화 활동 등의 반응을 감소시키게 된다.

② 간편식은 뇌의 정상 활동을 방해한다

뇌가 제대로 활동하기 위해서는 약 20가지 정도의 비타민, 미네랄과 아미노산이 필요하다. 비타민과 미네랄이 부족한 간편식을 먹으면 뇌의 정상적인 대사 활동이 어려워진다.

간편식에는 섬유질이 부족하다. 섬유질이 부족하면 장에 있는 독소와 노폐물이 원활하게 배출되지 못하고 활성산소의 양이 증가해 뇌에 산소를 제대로 공급하지 못하게 된다.

(7) 멘토를 찾아라

업무와 관련해 도움을 받을 수 있는 사람을 찾자. 관찰과 대화를 통해 문제해결 능력과 같이 업무에 필요한 지식을 얻을 수 있으며, 업무에서 중요하게 생각하는 철학을 배울 수 있다.

그 분야의 전문가도 힘든 시절이 있었다. 전문가로 불리는 사람도 처음부터 탁월하지는 않았다. 전문 지식을 갖추기까지 힘든 과정도 있었지만, 그 과정을 극복한 결과 지금의 그 자리에 오를 수 있었다. 따라서 그들은 보통 사람보다 훨씬 더 긍정적이고 만족한 삶을 산다. 이런 전문가를 멘토로 삼는다면 업무를 대하는 태도와 지식을 배우면서 성장할 수 있다.

감사한 일과 즐거웠던 기억을 떠올리자

'감사'는 우리에게 긍정적인 영향을 미친다. 긍정심리학의 대가

인 마틴 셀리그먼(Martin Seligman) 교수는 자기 삶을 변화시킨 은인에게 감사의 편지를 쓰는 사람은 긍정적인 행동을 오래 한다는 사실을 알아냈다. 스트레스 측정 도구로 스트레스 정도를 파악하면서 피실험자에게 '감사한 기억'을 떠올리라고 했을 때 예상보다 더 빨리 스트레스 수준이 떨어졌다는 연구 결과도 있다.

감사를 거창하게 표현할 필요는 없다. 식사 전에 감사의 기도를 하는 것처럼 일상적인 상황에 대한 간단한 감사 정도로도 충분한 효과가 있다.

지금 감사할 일을 떠올려보자. 부모님에게 감사하고, 자신을 도와준 동료에게 감사하자. 잠들기 전에 하루를 정리하면서 업무적으로나 개인적으로 도움을 받은 사람을 떠올려보자. 자신의 도움을 받고 기쁜 표정을 짓는 상대방의 얼굴도 떠올려보자. 이렇게 감사의 대상을 떠올리기 시작하면 생각보다 많은 사람과 상황을 떠올릴 수 있다. 이런 기억이 많을수록 마음은 편해지고, 호흡이 진정되면서 몸이 가벼워진다.

감사도 연습이 필요하다. 좋은 일이나 기쁜 일이 생길 때마다 감사하자. 나를 인정해주는 상사, 내가 어려울 때 도움의 손길을 내미는 동료, 나를 도와주는 후배, 나를 위해 조언해주는 친구, 주변 사람, 지하철 역무원, 버스 기사, 식당 주인 등 만나는 모든 사람에게 감사하자. 감사하는 시간이 길어질수록 감사의 대상도 늘어날 것이다.

즐거웠던 기억도 감사와 같은 효과가 있다. 기분이 울적할 때 이 세상에 처음 태어난 날을 상상해보고, 어머니의 따뜻한 가슴, 아버지가 장난감을 만들어 함께 놀아주었던 기억, 가족 여행, 학창 시절 친구들과 함께한 소풍과 같은 기억들을 떠올리면 한결 마음이 편안해질 것이다.

5

감정노동자를 격려하는
조직문화를 만들자

앞서 말했듯 자동차를 운전하는 사람들은 자동차의 상태를 점검하기 위해 운전 전이나 운전 중에 수시로 계기판을 확인한다. 기름이 부족하다는 신호가 있으면 '빨리 기름을 넣어야겠네'라는 생각을 하면서 주유소에서 기름을 보충한다. 운전자가 이런 신호를 무시하면 자동차가 멈추거나 큰 사고로 이어질 수도 있다.

자동차와 마찬가지로 사람도 활동을 계속하기 위해서는 에너지 보충이 꼭 필요하다. 자신의 머릿속에서 '아, 지친다'라는 생각이 들면 에너지가 고갈되고 있다는 신호다. 자기 몸이나 감정에서 보내오는 신호를 무시하면 큰 문제가 발생할 수 있다. 피곤할 때는 평소와는 다르게 사소한 일에도 짜증이나 화가 나기 쉽다. 피곤한 상태에서는 정상적인 활동이 어렵다. 이를 무시하고 감정노동자와 대화를 하거나 업무를 지시할 때 충돌이 발생할 가능성이 커진다.

제대로 된 칭찬이 감정노동자에게 도움이 된다

교육이나 모임 등에서 옆 사람에게 칭찬하라고 하면 많은 사람은 복장이나 외모에 대해서만 말한다. "눈이 정말 예쁘시네요"처럼 외모를 표현하거나 "옷이 오늘 모임에 잘 어울리네요"와 같이 복장에 대한 칭찬이 대부분이다. 복장이나 외모에 대한 칭찬이 끝나면 어색한 침묵이 이어진다. 이런 상황이 만들어지는 이유는 평소 다른 사람에게 하는 칭찬이 익숙하지 않기 때문이다.

'칭찬은 고래도 춤추게 한다'라는 말처럼 칭찬은 사람들을 활기차게 만든다. '말 한마디로 천 냥 빚을 갚는다'라는 속담처럼 칭찬이 감정노동자에게 큰 도움이 된다는 사실을 알고 있는 경영자도 감정노동자에게 하는 칭찬에는 인색하기만 하다.

책이나 교육을 통해 칭찬하는 방법을 배운다고 해서 능숙하게 칭찬할 수 있는 것은 아니다. 책에서 본 문장을 외웠다 하더라도 그 문장에 적합한 상황이 오지 않으면 소용이 없다. 책의 문장과 같은 상황에서 칭찬하더라도 칭찬하는 사람의 진심이 담겨 있지 않으면 칭찬은 약이 아니라 독이 되기도 한다. 칭찬을 듣는 사람은 '입에

발린 말'인지, '진심에서 우러나오는 칭찬'인지 금방 구분할 수 있기에 '진심이 담기지 않은 칭찬'은 오히려 상대에게 거부감이 들게 하는 역효과를 불러올 수 있다.

(1) 감정노동자를 제대로 알아야 칭찬할 수 있다

"엄청난 계약을 마무리하셨네요! 정말 대단하십니다."
"A씨는 정말 훌륭한 직원입니다."

경영자가 감정노동자를 칭찬할 때 주로 사용하는 문장이다. 칭찬의 뜻을 사전에서 찾으면 '좋은 점이나 착하고 훌륭한 일을 높이 평가함. 또는 그런 말'로 나와 있다. 경영자가 감정노동자에게 '칭찬을 했다'라는 것은 '경영자가 정한 기준에 적합한 행동을 감정노동자가 했다'라고 해석할 수 있다. 위의 문장과 같은 말을 하는 경영자의 생각에는 '너의 행동이 나를 만족시켰다. 계속해서 이 정도 규모의 계약을 해주기를 바란다'라는 의미가 담겨 있다.

감정노동자가 칭찬받기 위해서는 경영자가 정한 기준을 충족해야 한다. 경영자는 감정노동자를 칭찬하면서 '나한테서 칭찬을 받으려면 이 정도 규모의 계약을 해야 한다'라는 자기 의도를 감정노동자에게 전달한다. 경영자로부터 이런 말을 들은 감정노동자는 열심히 활동해 계약했더라도 계약 규모가 크지 않으면 경영자가 정한 기준에 미달하기 때문에 칭찬을 기대하지 않는다. 경영자가 정한 기준이 높아질수록 성공의 벽도 높아지기 때문에 감정노동자가 열심히 일하더라도 성공의 벽을 넘지 못하는 경우가 많아진다. 감정노동자가 성공의 벽을 넘기 어렵다고 판단할수록 좌절하게 되고, 자기 일에 보람을 느낄 수 없어 점점 지쳐간다.

칭찬하기 위해서는 상대에게 관심을 기울여야 한다. 처음 본 사람을 칭찬하려고 하면 외모나 복장 외에는 칭찬거리가 없다. 하지만 시간이 조금 지나 상대를 자세히 알게 되면 "그런 어려운 상황을 잘 극복하셨네요" 또는 "정말 엄청난 일을 성공시키셨네요"와 같은 말을 할 수 있게 된다. 이렇게 경영자가 감정노동자를 제대로 칭찬하기 위해서는 감정노동자에게 관심을 가져야 하고, 그 관심을 진실한 말이나 행동으로 표현해야 한다.

경영자가 감정노동자에게 칭찬하지 않으면서 '내가 이런 생각을 하고 있다는 걸 감정노동자는 알고 있을 거야'라고 생각한다면 그것은 큰 착각이다. 몇십 년을 함께 산 부모님이나 배우자 또는 자식의 마음도 제대로 알지 못하는데, 감정노동자가 자기 마음을 알 거라고 기대하는 것은 경영자의 엄청난 착각이다. 따라서 경영자는 감정노동자의 일거수일투족에 감시가 아니라 관심을 가져야 한다. 그래야 칭찬이 자연스럽게 나올 수 있다.

(2) 명확한 기준이 칭찬의 효과를 높인다

사람의 말을 알아듣지 못하는 동물도 훈련을 시킬 수 있다. 동물은 사람이 하는 말을 이해하지는 못하지만, 표정이나 어감 등을 통해 '칭찬'인지 '질책'인지 구분할 수 있다. 조련사는 동물이 자신이 원하는 행동을 할 때 간식이나 먹이로 보상하거나 말로 칭찬을 한다. "그렇지" 또는 "잘했어!"와 같은 칭찬에는 조용하고 다정한 말투를 사용한다. 반대로 "안 돼" 또는 "멈춰"라는 말을 할 때는 큰소리를 쳐 동물들이 두려움이나 긴장을 느끼게 해 행동을 통제한다.

칭찬하는 목적에는 '지금과 같은 행동을 계속하기를 바란다'라는 메시지가 담겨 있다. "그렇게 하시면 될 것 같습니다" 또는 "제가 그런 결과를 원했습니다"라는 말을 하면 감정노동자는 '경영자가 나에게 이런 행동을 원하고 있구나' 하면서 경영자의 기준을 이해하고 실천하게 된다.

경영자의 기준이 명확하지 않거나 수시로 바뀌면 감정노동자는 실행을 주저하게 된다. 목적지를 향해 차를 운전하고 있는 사람이 '뭔가 이상해. 길을 잘못 들어선 것 같다'라는 생각을 하게 되면 속도를 내지 못하는 것과 마찬가지다. 이와는 달리 제대로 된 방향으로 가고 있다는 확신이 들면 속도를 유지하거나 더 내게 된다. 감정노동자도 마찬가지다. 감정노동자는 경영자가 제시한 기준에 적합하다고 판단하면 하던 행동을 계속하겠지만, 확신이 없는 경우 행동을 망설이게 된다.

따라서 감정노동자는 경영자의 칭찬이 명확할수록 경영자의 바람대로 실천할 가능성이 크다. 경영자가 감정노동자에게 막연하게 "정말 잘했습니다"라고 말했을 때 감정노동자는 '내가 어떤 행동을 잘했을까?'라고 생각하게 되지만, 경영자가 '고객에게 적합한 제품의 선정'이라고 명확하게 말한다면 감정노동자는 '아, 고객의 생애 주기를 고려해 제품을 선정해야겠다'라는 결심을 하고 행동으로 옮길 가능성이 크다. 이처럼 경영자는 자신이 바라는 '지금과 같은 행동'이 어떤 행동인지를 감정노동자에게 명확하게 알려줄 때 감정노동자 또한 경영자가 바라는 행동을 할 수 있다.

(3) 칭찬에는 '독'이 들어 있다

경영자의 칭찬이 항상 긍정적인 효과만 주지는 않는다. 경영자는 자신의 주관적인 평가 기준에 따라 직원을 칭찬하게 된다. 경영자가 직원을 모아놓고 박판매 씨에게 "당신은 다른 사람보다 우수합니다"라고 칭찬했다. 경영자의 이 말은 '박판매 씨 자체가 우수한 사람'이라고 해석할 수도 있다. 박판매 씨가 우수한 사람이라면 다른 직원은 상대적으로 열등한 사람이 된다. 이런 비교는 우수한 사람과 열등한 사람 모두를 불편한 상황으로 만든다.

반면, "박판매 씨는 실적이 우수하시네요"와 같이 칭찬의 대상을 구체적으로 표현하면 직원들은 박판매 씨가 칭찬받은 이유가 실적이라는 것을 알게 되고, '나도 열심히 일해 경영자로부터 칭찬받고 싶다'라고 성취 의지를 자극할 수 있다. 경영자가 박판매 씨를 칭찬하면 다른 직원들도 자신도 열심히 노력해야 하겠다는 생각을 다시 하게 된다. 이처럼 칭찬은 주변 사람들에게 성과가 높은 직원을 모델로 삼아 바람직한 행동을 본받게 하며 경쟁 심리를 갖게 만든다.

그러나 칭찬은 부정적인 영향을 주기도 한다. 경영자가 앞의 설명처럼 박판매 씨에게 칭찬하면 동료들은 다양한 생각들을 하게 된다. '나도 박판매 씨만큼 실적이 좋은데…', '박판매 씨는 칭찬받아서 좋겠다', '나도 내 몫은 하는데… 저 사람만 칭찬을 들어' 그리고 '난 언제나 칭찬받아보나…'와 같은 생각을 하게 된다. 자신도 박판매 씨만큼 실적이 좋다는 생각에는 자기도 칭찬받을 만한데 받지 못했다는 아쉬움 또는 불만이 담겨 있다. 자기도 성과 향상을 위해 열심히 노력했지만, 자신의 노력이 경영자로부터 인정받지 못하고 있다는 서운함이 있는 것이다.

칭찬받지 못한 사람은 경영자가 자신을 공정하게 대하지 않는다고 생각해 칭찬받은 사람에게 적대적인 태도를 보이거나 노골적으로 공격할 수도 있다. "도대체 경영자와 무슨 관계야?" 또는 "경영자에게 잘 보이려면 어떻게 하면 돼?"와 같은 말들로 서운함을 드러내기도 한다. 하지만 동료로부터 적대적인 말을 들은 박판매 씨 또한 억울하기는 마찬가지다.

칭찬의 또 다른 부작용은 칭찬하지 않을 때 행동의 반복이 멈추는 것이다. 동물원에서 물개나 원숭이 쇼의 장면을 떠올려보자. 관객들 앞에서 동물이 특정 행동을 하면 조련사는 칭찬과 함께 생선이나 과일 등으로 보상을 한다. 조련사는 보상이 없더라도 동물들이 자신이 원하는 행동을 계속 반복해주기를 원하지만 이런 일은 일어나지 않는다. 동물들은 보상이 있는 경우에만 조련사가 바라는 행동을 하기 때문이다.

경영자가 칭찬하면 경영자가 바라는 행동을 감정노동자가 할 가능성이 크다. 하지만 칭찬이 없다면 감정노동자는 경영자가 원하는 행동을 하지 않을 가능성이 더 크다. 즉, 칭찬이라는 '조건'이 감정노동자를 움직이게 만드는 것이다.

경영자의 역할은 감정노동자가 자발적으로 움직이도록 만드는 것이다. 감정노동자가 활발하게 활동하기 위해서는 칭찬과 같이 외부로부터 제공되는 에너지를 끊임없이 공급받아야 한다. 하지만 외부에서 제공되는 에너지는 감정노동자가 원할 때 원하는 만큼 공급된다는 보장이 없다. 감정노동자가 필요할 때 에너지가 공급되지 않으면 감정노동자는 활동이 어려워진다. 그러므로 감정노동자가 활동을 유지하기 위해서는 외부에서 공급되는 에너지 의존도를 줄일 필요가 있다.

이런 문제를 해결할 방법은 감정노동자의 내면에서 만들어지는 에너지다. 감정노동자 스스로 만들어내는 내면의 에너지야말로 감정노동자를 활기차게 만드는 진정한 힘이 된다.

격려는 칭찬과 다르다

격려와 칭찬은 목적과 방법이 다르다. 칭찬은 '성과의 질'에 초점을 두지만, 격려는 '노력과 즐거움의 양'에 초점을 둔다. "큰 계약을 성공시키셨네요"라는 말은 결과를 중시하는 칭찬이지만, "계약을 위해 다양한 노력을 하셨네요"라는 말은 과정에 초점을 둔 '격려'다. 결과에 초점을 두면 '성공과 실패'로 구분하게 되므로 아무리 열심히 노력했더라고 계약을 마무리하지 못하면 실패가 되기 때문에 칭찬을 받기가 어렵다.

앞에서 설명한 것처럼 칭찬받는 사람은 경영자로부터 '평가받는다'라고 생각할 수 있다. 반면 격려는 감정노동자의 모든 노력을 존중한다. 설사 계약을 마무리하지 못했지만, 그 과정까지 가기 위해 했던 감정노동자의 모든 노력이 격려의 대상이 된다. 경영자로부터 격려를 받은 감정노동자는 '내가 경영자로부터 존중받는다'라고 생각한다.

칭찬은 경영자의 관점에서 감정노동자를 평가한다. "당신은 우수한 직원입니다"라고 경영자가 말했다면 '우수한'이라는 단어는 경영자가 정한 주관적 기준이다. 경영자로부터 우수하다는 칭찬을 들은 감정노동자는 '실수나 노력 부족으로 우수하지 못한 직원이 될까 봐 부담스러워 한다. 감정노동자가 경영자가 일방적으로 정한 기준에 이르지 못하면 무능한 직원이 된다. 이처럼 '경영자의 기준에 도달하지 못하면 실패하는 것이다'라는 생각으로 인해 조금이라도 실패할 가능성이 있는 업무는 실패에 대한 두려움 때문에 도전하기보다는 포기하게 되는 것이다.

격려는 칭찬과 달리 결과가 아니라 노력하는 과정에 초점을 둔다. 경영자의 의견이나 동료들과의 비교가 아니라 감정노동자 자신이 기준이 된다. 사소한 것이라도 향상된 노력의 근거를 바탕으로 한다.

격려는 감정노동자의 잠재력과 능력에 초점을 맞추고 있다. 경영자가 감정노동자를 격려하기 위해서는 감정노동자의 모든 것을 그대로 수용해주면 된다. "저는 박판매 씨가 잘할 수 있으리라 믿습니다"라는 말은 감정노동자의 존재를 인정하는 말이다. 감정노동자가 이런 말을 들으면 자신이 가치 있는 사람이라고 인식하면서 자부심을 느낀다.

격려는 거의 모든 상황에서 적절하게 사용될 수 있다. "즐겁게 일하시는 모습을 보면 저도 기분이 좋아집니다"와 같은 말은 감정노동자의 행동에 초점을 두고 격려를 하고 있다. 경영자로부터 격려를 받은 감정노동자는 자기 행동에 대해 자신감을 느끼면서 스스로 동기를 부여한다. 또한, 격려는 당사자뿐 아니라 주변 감정노동자에게도 좋은 기분을 유지하면서 용기와 자신감을 느끼게 만든다. 이처럼 격려는 격려받는 사람은 물론, 주변 사람들에게까지 긍정적인 영향을 주게 된다.

[칭찬과 격려의 차이]

구분	칭찬	격려
사전적 의미	좋은 점이나 착하고 훌륭한 일을 높이 평가함	용기나 의욕이 솟아나도록 북돋워 줌
대상	사람 : "우수한 감정노동자다."	행동 : "원하던 목표를 달성하셨네요."
초점	성과의 질	노력과 즐거움의 양
변화의 목적	다른 사람	자신
평가와 판단	평가와 판단이 강해 평가받는다고 느낌	평가와 판단이 거의 없어 수용 받는다고 느낌
생각의 방향	외부 : "다른 사람은 어떻게 생각할까?"	내부 : "나는 어떻게 생각하고 있는가?"
영향	타인에 대한 의존 강화	자신에 대한 믿음 강화
결과	실패에 대한 두려움 중도 포기 대립과 경쟁	자부심과 독립심 시도 협력과 기여

감정노동자는 격려하는 조직문화를 원한다

조직에서는 격려와 칭찬이 과도해서보다는 오히려 부족해서 문제가 되는 경우가 많다. 감정노동자가 좌절하고 낙담하는 이유는 자기 능력에 대한 확신이 없어서다. 경영자가 그나마 격려나 칭찬을 적절하게 활용한다면 감정노동자에게 자신감을 느끼게 만들어 업무 수행에 도움이 된다.

칭찬은 잘 쓰면 약이지만 잘못 쓰면 독이 된다. 이런 문제를 예방하는 방법이 '격려'다. 격려는 '용기나 의욕이 솟아나도록 북돋워 줌'이라는 뜻으로, '좋은 점이나 착하고 훌륭한 일을 높이 평가'하는 뜻의 칭찬과는 분명한 차이가 있다.

조직에서 격려가 필요한 또 다른 이유는 '고객'의 존재 때문이다. 경영자가 감정노동자를 격려하면, 감정노동자 또한 고객에게 긍정의 에너지를 제공하는 선순환이 시작된다. 이런 조직에서 감정노동자는 자기 일에 열정적으로 임하게 된다. 자기 역할에 충실하고 도전적인 목표를 달성하기 위해 노력하면서 스스로 '할 수 있다'라고 자신감을 가지게 된다. 이런 감정노동자는 자신의 모든 에너지를 고객에게 쏟게 된다. 고객을 만족시킴으로써 업무에서의 성과 또한 향상된다.

격려하는 조직의 조직원들은 다음과 같은 행동들을 한다.

(1) 격려하는 조직의 특징

- 조직의 비전을 공유한다.
- 조직원들 사이에는 신뢰가 구축되어 있다.
- 조직원은 상대에게 솔직한 의견을 말하고, 듣는 사람은 마음을 열고 상대의 의견을 듣는다.
- 동료의 능력을 인정한다.
- 자신과 동료는 목표를 향해 함께하는 사람이라는 것을 믿는다.
- 동료와 수평적인 관계를 형성한다.
- 개인보다는 조직의 성과를 먼저 생각한다.

이런 조직을 만들기 위해서는 경영자의 역할이 중요하다. 경영자가 격려하는 조직을 만들기 위해서는 다음과 같은 역할이 필요하다.

(2) 격려하는 조직을 만들기 위한 경영자의 역할

- 감정노동자의 발전과 기여에 대한 자신의 기대와 믿음을 전달한다.
- 감정노동자가 자신에게 믿음을 갖도록 돕는다.
- 감정노동자에게 노력의 필요성과 중요성에 대해 인식시킨다.
- 감정노동자 스스로 동기를 부여할 수 있는 능력을 길러준다.

- 감정노동자에게 관계 형성 능력과 문제해결 능력을 길러준다.
- 목표설정 방법과 목표달성 방법을 알려준다.
- 감정노동자의 성과를 정확하게 평가하고 솔직하게 피드백한다.

격려는 감정노동자에게 긍정적인 영향을 준다. 경영자가 감정노동자에게 보내는 격려는 주로 비언어적인 방법으로 이뤄진다. 감정노동자가 사무실에 들어올 때 보이는 경영자의 따뜻한 눈길은 어떤 말보다 더 효과적일 수 있다. 경영자가 감정노동자를 격려하기 위해서는 다음과 같은 방법을 사용할 수 있다.

(3) 경영자가 감정노동자를 격려하는 방법

- 감정노동자에게 열정을 보인다.
- 감정노동자의 의견을 존중한다.
- 감정노동자에게 공감한다.
- 감정노동자의 의견에 자신의 의견을 덧붙여 건설적인 결과를 만든다.
- 감정노동자의 과제 해결을 위해 긍정적인 대안을 찾는다.
- 공정한 태도로 감정노동자를 대한다.
- 여유 있는 태도를 보인다.
- 힘든 상황에서도 유머 감각을 발휘한다.

격려는 감정노동자가 긍정적으로 변화하도록 돕는 과정이다. 격려하는 경영자는 감정노동자가 일하는 과정에서 만나는 장애물을 넘을 수 있도록 하며, 감정노동자는 물론 주변 사람들에게까지 긍정적인 영향을 준다. 격려의 말은 각각의 상황에서 도움이 되는 행동이 무엇인지, 그런 행동이 감정노동자에게 어떻게 도움이 되는지와 다른 사람들도 가능하다는 표현으로 이뤄진다. 경영자가 하는 격려의 말은 모든 감정노동자로 하여금 행동으로 옮기는 계기가 된다.

경영자가 감정노동자를 제대로 격려하기 위해서는 감정노동자의 행동에 대한 정확한 이해가 있어야 하고, 그 상황에 대한 근거를 바탕으로 표현되어야 한다. 경영자가 격려할 때 객관성 있게, 상황에 적합한 표현을 해야 격려의 효과를 높일 수 있다. 즉 격려의 말은 감정노동자의 행동 그 자체에 대한 피드백을 바탕으로 해야 한다.

경영자는 감정노동자를 격려나 칭찬할 때보다 질책할 때 더 조심해야 한다. 많은 경영자는 칭찬에는 인색하면서 감정노동자의 실수에는 과하게 질책하는 경우가 있다. 실수에 대해 과한 질책을 받은 감정노동자는 지나치게 긴장하면서 에너지가 고갈된다. 또한, 경영자로부터 질책을 듣지 않기 위해 경영자를 피하게 된다.

격려는 감정노동자가 실수한 상황에서도 사용할 수 있다. 감정노동자의 실수로 인해 가장 힘들어하는 사람은 실수한 감정노동자다. 실수한 감정노동자를 향한 경영자의 질책은 감정노동자에게 전혀 도움이 되지 않는다. 경영자는 감정노동자의 실수를 교육의 기회로 삼아 감정노동자가 성장할 수 있도록 도와야 한다.

(4) 실수 상황에서 사용할 수 있는 격려의 말

- "상품 설명 준비가 부족했네요. 좀 더 체계적으로 준비한다면 다음 계약은 성공할 수 있습니다."
- "정시에 출근해 상품 특성을 이해하는 시간을 늘리면 판매 성공 가능성을 높일 수 있습니다."

경영자는 감정노동자에게 부정적인 표현을 사용하지 않고 자기 뜻을 전달할 수 있다. 경영자의 긍정적인 말은 감정노동자의 경각심을 높이는 역할을 한다.

(5) 경영자의 긍정적인 말

① 감정노동자를 인정하기 위한 말

- 왕친절 씨의 일하는 방법을 다른 사람들도 배우기 바랍니다.
- 한꺽정 씨가 문제를 해결하기 위해 노력하는 방식을 저도 좋아합니다.
- 자영업 씨가 만족하는 모습을 보니 저도 기쁘네요.
- 박판매 씨는 세일즈를 즐기시네요.

② 감정노동자에게 신뢰를 나타내는 말

- 저는 자영업 씨가 성공하리라 믿습니다.
- 박판매 씨는 그 계약을 성사할 겁니다.
- 저는 나부하 씨의 판단을 믿습니다.
- 이번 제안서는 고객의 요구가 까다로워 계약이 어려울 것 같지만, 저는 강인내 씨가 해낼 거라고 믿습니다.
- 왕친절 씨는 그 일을 잘 해결할 거라고 믿습니다.

③ 감정노동자의 기여와 감사를 표현하는 말

- 많은 도움을 주신 한걱정 씨에게 감사합니다.
- 동료를 배려하는 나부하 씨의 사려 깊은 행동에 감사합니다.
- 박판매 씨가 계약을 마무리할 수 있도록 도와주셔서 감사합니다.
- 격려 문화를 알리기 위해 자영업 씨의 도움이 필요합니다.

④ 감정노동자의 노력과 발전을 표현하는 말

- 박판매 씨는 이번 계약을 위해 열심히 준비하고 계시네요.
- 이번 계약에 많은 시간을 투자하는 것처럼 보이네요.
- 강인내 씨는 계속해서 노력하고 계시네요.
- 나부하 씨가 지금까지 이뤄낸 성과들을 보세요.
- 자영업 씨는 계속해서 발전하고 있습니다.

- 지금까지 만들어 온 성과를 보면 얼마나 큰 노력을 기울였는
  지 알 수 있습니다.

경영자가 감정노동자에게 격려의 말을 할 때 가장 중요한 것은
'태도'다. 감정노동자를 진심으로 존중하고 애정을 갖고 하는 격려
의 말은 감정노동자에게 도움이 되지만, 억지로 하는 격려는 오히
려 부정적인 영향을 미치게 된다. 격려의 목표는 감정노동자의 '나
는 할 수 없어'를 '나는 할 수 있다'로 생각하도록 하는 것이라는 사
실을 잊지 말자.

(6) 격려는 혼자서도 할 수 있다

감정노동자는 일하는 과정에서 많은 에너지가 소모된다. 경영자
의 격려는 감정노동자와 함께할 때만 가능하다. 많은 시간을 혼자
해야 하는 감정노동자는 자신에게 하는 격려 방법을 익힐 필요가
있다. 고객을 만나 에너지가 소진됐다고 느낄 때 격려를 통해 에너
지를 보충하고 다음 고객을 만나야 한다.

- 나는 나를 사랑한다.
- 나는 더 잘할 수 있어. 내 생각을 펼치자.
- 나는 지금 점점 더 발전하고 있어.
- 나는 어떤 상황에서도 잘 대처할 수 있는 사람이야.

- 나 자신을 믿고 나아가자.

- 아직 실패한 건 아무것도 없어. 포기하기 아직 일러.

- 지난달에 무슨 고민을 했는지, 작년에 무슨 고민을 했는지 기억하자. 이 또한 지나갈 거야. 그러니 즐기자.

- 나는 이 문제를 해결할 수 있을 만한 용기와 실력을 갖추고 있다.

- 조금만 천천히 말한다면 모든 말을 마법처럼 잘 할 수 있다.

- 내 마음은 차분하고 호수처럼 잔잔하다. 의식은 명료하고 아무것도 두렵지 않다.

- 더 어려운 상황 속에서도 언제나 일어났잖아.

- 어두운 터널 뒤에는 늘 빛이 기다리고 있어. 앞이 보이지 않아도 우선 걸어가자.

- 내가 어려우면 남도 어려운 거야. 상황이 같다면 내가 유리해. 늘 그래 왔으니까….

- 내가 못 하는 것은 다른 누구도 할 수 없다. 내가 하는 것이 최선이고 최고다.

- 누구보다 많은 준비를 했어. 준비한 만큼만 하자.

- 용감한 사람이란 힘들지 않은 사람이 아니라, 그 힘듦을 자기 내면의 힘으로 초월하는 사람이래. 너의 내면의 힘을 믿어! 파이팅!

- 지금 힘든 것은 앞으로 나아가고 있기 때문이고, 도망치고 싶은 것은 지금 현실과 싸우고 있기 때문이며, 불행한 것은 행복

해지기 위해 노력하기 때문이다.

- 자, 다시 일어나 가자!
- 조급해하지 말고 편하게 생각하자!

유쾌한 대화가 성과를 향상시킨다

예전에 시골 마을의 학교 운동회는 마을 전체의 축제였다. 거의 모든 마을 사람들이 가족 단위로 학교 운동장에 모여 함께 운동하고 응원도 하면서 축제의 장을 만들었다. 농악대가 꽹과리를 앞세워 신명 나게 등장하면 어린아이들이 그 뒤를 쫓으면서 흉내 내기를 했다. 아이들이 달리기하면 신이 나서 응원을 하고 순위에라도 들게 되면 마치 어른들 자신이 우승한 것처럼 기뻐하기도 했다. 그중에서도 가장 즐거운 시간은 역시 점심시간이었다. 이웃과 함께 맛있는 음식을 먹는 점심은 정말 꿀맛이었다.

지금, 이 순간 여러분들의 머릿속에 무엇이 떠올랐을까? 아마도 학교 운동회를 경험한 사람들은 자신의 기억 속에 있는 학교 운동회를, 직접 경험하지 못한 사람들은 자신의 기억 속에서 이와 가장 유사한 경험을 떠올리면서 이 글을 읽었을 것이다.

내가 체험한 내용을 얘기하면, 내 말을 듣는 사람은 주로 자기 경험과 연결해 내 말을 이해한다. 예를 들어 "산속 오솔길에 소나무가 두 그루 있습니다. 소나무 옆에는 바위가 있고 바위 뒤에는 오두막이 있습니다"라는 말을 대화 상대에게서 들었다고 하자. 이 말을 듣게 되면 과거 자신이 산에서 본 경치 중 가장 비슷한 사례를 떠올리면서 상대의 말을 이해하려고 한다. 결국 다른 사람의 말에 반응하고 싶지 않다고 하더라도 자신도 모르게 마음속에서는 그 말에 반응하게 된다.

몇 년 전 공중파의 한 방송에서 다음과 같은 내용을 방송한 일이 있다. 실험대상자 12명에게 아래와 같은 단어를 보여주기 전과 보여준 후의 행동 변화를 관찰하는 것으로 40m를 걷는 동안 소요된 시간을 비교하는 실험이었다.

늙은, 노후, 은퇴한, 해 질 녘, 휠체어를 탄, 따분한, 황혼의, 쓸쓸한, 외로운

어떤 차이가 있었을까? 실험에 따르면 12명 모두 단어를 보기 전보다 단어를 보고 난 다음 걷는 속도가 평균 2초32만큼 느려졌다. 반면 다음과 같이 젊음과 관련된 단어를 보여줬을 때 단어를 본

모든 사람은 2초46만큼 걷는 속도가 빨라지는 결과를 실험을 통해 알 수 있었다.

젊은, 스피드 있는, 열정적인, 신입사원, 부지런한, 스포츠, 승리, 유행을 따르는

이런 차이가 생기는 이유는 무엇일까? 그것은 우리의 기억과 관련이 있다. 우리가 어떤 말을 듣게 되면 그 말에 연관되는 기억을 떠올리게 되는데, 이때 반드시 그 기억과 관련된 감정을 함께 떠올리게 된다.

앞에 있는 단어 중에서 '늙은'과 '젊은'이라는 단어를 보자. 두 단어 모두 그저 종이 위에 적힌 단어에 불과하지만, 그 단어를 읽는 순간 그 단어에 해당하는 이미지에 영향을 받게 된다. '젊은'이라는 단어를 보는 순간 젊음에 해당하는 이미지를 떠올리면서 기운이 넘치고 생기에 찬 기분을 느끼게 된다. 이런 기분이 나도 모르게 내 행동을 활기차게 만들게 된다. 이처럼 싫든 좋든 일상에서 듣게 되는 모든 단어에 대해 알게 모르게 영향을 받게 된다.

그렇다면 앞에서 설명한 실험에서 '이미지'가 어떤 작용을 하기에 그저 단어를 읽었을 뿐인데 걷는 속도가 달라졌을까? 다음은 가수 몽니가 부른 〈술자리〉라는 노래의 일부다.

"술자리에 모여 함께 웃고 울며
때론 엉뚱한 얘기들로 다투기도 하고
밤새도록 시간 가는 줄 모르고
아름다운 추억을 만들어가네."

여기서 사람들이 밤새도록 시간 가는 줄 모르고 함께하는 이유는 무엇일까? 답은 즐겁기 때문이다. 가끔 피시방에서 며칠 동안 밤새워 게임을 하다가 사망한 사람의 뉴스를 접하게 된다. 아마도 이 사람은 즐거웠기 때문에 며칠씩 계속 밤을 새울 수 있었을 것이다.

이처럼 즐거운 기분은 나를 움직이게 하는 에너지원이 된다. 내가 즐거울 때는 상대의 실수나 말에 민감하게 반응하지 않고 관대히 대할 수 있는 반면, 상대와 갈등이 있을 때는 함께 있어야 한다는 생각만으로도 몸이 긴장되며 괴로운 마음에 도망가고 싶다고 생각하게 된다. 이럴 때는 상대가 아무리 우호적인 말을 하더라도 그 뜻을 그대로 받아들이지 않고 왜곡해서 받아들이게 된다.

내가 상대와 어떤 관계에 있느냐에 따라 같은 소리도 다르게 들린다. 예를 들어 "바보야"라는 소리를 들었다고 하자. 내가 평소에 친하고 믿을 수 있다고 생각하는 사람이 그런 말을 했다면 친근한 표현으로 들리겠지만, 친하지 않고 믿음이 부족한 사람이라면 나를 공격하는 말로 듣게 되고 이런 말을 한 상대에게 어떤 방법으로든 적개심을 드러내게 된다. 이런 반응을 보이는 이유는 "바보야"라는 말을 듣는 순간 상대로부터 공격을 당했다고 생각하기 때문이다.

나를 즐겁고 행복하게 대해주는 고객을 위해 일할 때를 생각해 보자. 여기에서 고객은 외부의 고객일 수도, 내부의 고객일 수도 있다. 즐거운 기분을 느끼면서 신나게 일을 하게 되고, 업무에 대한 집중력도 높아져 같은 일을 하더라도 짧은 시간 내에 일을 마치게 되고 결과적으로 업무에 대한 성과도 향상된다.

이렇게 업무에 대한 성과가 향상되면 고객으로부터 또다시 인정받고 더욱 신나게 일하는 선순환을 경험하게 된다. 결국 즐겁고 신나게 일하면 일도 잘되고 사람들과의 관계도 좋아지게 된다. 즉 일터에서의 갈등도 줄어들게 되는데, 즐거울 때는 마음에 여유가 생기면서 다른 사람의 행동이나 말에 관대해지기 때문이다.

집이나 직장에서 '어떻게 하면 스스로 할 수 있도록 동기를 부여할 수 있을까?'라는 말을 흔히 듣게 되는데 이것은 결코 어려운 일이 아니다. 가장 쉬운 방법은 상대를 즐겁게 만들어주면 되는 것이다. 즉, 유쾌한 대화를 하면 된다. 앞에서 설명한 것처럼 우리가 어떤 말을 하면 상대는 그 말에 해당하는 이미지를 떠올린다. 유쾌한 말로 대화를 시작하면 상대는 즐거운 경험을 떠올리게 되면서 자신도 모르게 힘이 솟게 되고 일을 할 의욕을 느끼게 된다.

유쾌한 대화의 좋은 점은 소통이 잘된다는 사실이다. 잘하라는 의미로 야단을 치는 사람이 있다고 하자. 머리로는 나를 위해서 하는 소리인 줄은 알지만, 마음 깊숙한 곳에서는 '상대가 나를 공격하네. 이 공격에서 안전하게 나를 지키기 위해서는 상대에게 반격해야 해'라는 생각이 들면서 나를 야단치는 상대에게 마음을 닫기 때문에 제대로 된 대화가 이뤄지지 않게 된다. 반대로 소통이 잘되면 대화 기회가 많아지고 상대의 마음을 이해할 기회도 많아져 상대와 더 가까워지는 효과를 얻을 수 있다.

즐겁고 유쾌한 대화를 할 때 얻을 수 있는 또 다른 효과는 건강도 챙길 수 있다는 것이다. 내가 괴로울 때는 나도 모르게 자기 자신을 비하하게 된다. '아이고 바보야, 오죽 못났으면 저런 사람과 함께 일할까?'라고 끊임없이 자신을 괴롭히는데, 이렇게 되면 나도 모르게 의욕이 떨어지게 되고 온몸에서 모든 힘이 빠져나가는 듯한 무기력을 느끼게 되면서 업무적으로도 낮은 성과를 만들어 낼 뿐이다.

새해가 되면 새로운 계획을 세운다. 이때 가장 많이 세우는 계획은 업무성과, 자기 계발, 건강 유지에 관한 내용일 것이다. 이런 목표를 달성하기 위해서 가장 기본적으로 필요한 것은 나 자신을 포함한 주변 사람들과 즐겁게 지내는 것이다. 그렇지 못하면 주변 환경에 에너지를 빼앗겨 목표달성에 어려움을 겪게 된다.

유쾌하고 즐거운 대화!

절대 어렵지 않지만, 우리에게 엄청난 에너지를 제공하는 마법의 대화다.

오늘도 감정노동 중입니다

제1판 1쇄 | 2022년 4월 15일

지은이 | 권혁진 · 최환규
펴낸이 | 오형규
펴낸곳 | 한국경제신문*i*
기획제작 | (주)두드림미디어
책임편집 | 이수미, 배성분   디자인 | 얼앤똘비악earl_tolbiac@naver.com

주소 | 서울특별시 중구 청파로 463
기획출판팀 | 02-333-3577
E-mail | dodreamedia@naver.com(원고 투고 및 출판 관련 문의)
등록 | 제 2-315(1967. 5. 15)

ISBN 978-89-475-4812-0 (03320)